U0593471

2017年
国家火炬特色产业基地
发展研究报告

科学技术部火炬高技术产业开发中心 ◎ 编著
TORCH HIGH TECHNOLOGY INDUSTRY DEVELOPMENT CENTER,
MINISTRY OF SCIENCE AND TECHNOLOGY

2017

NATIONAL TORCH
SPECIAL INDUSTRY BASES

DEVELOPMENT RESEARCH REPORT

经济管理出版社
ECONOMY & MANAGEMENT PUBLISHING HOUSE

图书在版编目（CIP）数据

2017 年国家火炬特色产业基地发展研究报告/科学技术部火炬高技术产业开发中心编著 . —北京：经济管理出版社，2018.12

ISBN 978 - 7 - 5096 - 6212 - 0

Ⅰ.①2…　Ⅱ.①科…　Ⅲ.①高技术产业区—产业发展—研究报告—中国—2017　Ⅳ.①F127.9

中国版本图书馆 CIP 数据核字（2018）第 285328 号

组稿编辑：范美琴
责任编辑：范美琴
责任印制：黄章平
责任校对：张晓燕

出版发行：经济管理出版社
　　　　　（北京市海淀区北蜂窝 8 号中雅大厦 A 座 11 层　100038）
网　　址：www. E - mp. com. cn
电　　话：（010）51915602
印　　刷：三河市延风印装有限公司
经　　销：新华书店
开　　本：787mm × 1092mm/16
印　　张：8
字　　数：155 千字
版　　次：2018 年 12 月第 1 版　　2018 年 12 月第 1 次印刷
书　　号：ISBN 978 - 7 - 5096 - 6212 - 0
定　　价：48.00 元

2017 年国家火炬特色产业基地发展研究报告

编委会

主　　编：张志宏　　张卫星

副主编：段俊虎

组　　长：李　杰

副组长：金学奇　　陈思澍

成　　员（按姓氏笔画排序）：

马　宁　牛树云　王凯莺　王　茜　田栓林

刘　欣　刘蔚然　李　享　谷萧磊　肖　伟

张立红　张　琳　秦　燕　程凌华　樊子天

郑重声明

《2017 年国家火炬特色产业基地发展研究报告》是科学技术部火炬高技术产业开发中心组织有关专家，在地方科技主管部门及国家火炬特色产业基地的大力支持下，经深入调研形成的科研成果，其知识产权归属于科学技术部火炬高技术产业开发中心。

未经产权所有者书面授权，任何单位或个人不得以公开方式全文或部分发表本报告的内容。

编者说明

为深入贯彻落实创新驱动发展战略，推动大众创业、万众创新，进一步促进国家火炬特色产业基地创新发展，更好地发挥特色产业基地在推动区域（特别是县域）经济社会协调发展中的重要作用，根据《国家火炬特色产业基地建设管理办法》（国科火字〔2015〕163号），科学技术部火炬高技术产业开发中心组织编撰了《2017年国家火炬特色产业基地发展研究报告》。

本报告内容分为五个部分：第一部分为基地发展概况；第二部分为基地建设成效；第三部分为县域基地发展；第四部分为管理推动工作；第五部分为基础数据概览。

需要特别说明的是：截至2017年底，全国共有441家特色产业基地，全部上报了2017年年报数据，有423家基地参与了问卷调查。报告中，317家基地是指区县内的基地，325家基地是指2013～2017年5年连续完整上报数据的基地，226家基地是指2013～2017年5年连续完整上报数据的在区县内的基地。报告中所有数据均来源于火炬统计。

本报告所涉及东部、中部、西部和东北地区的具体划分为：

东部地区：包括北京、天津、河北、上海、江苏、浙江、福建、山东、广东和海南10个省（直辖市）；

中部地区：包括山西、安徽、江西、河南、湖北和湖南6个省；

西部地区：包括内蒙古、广西、重庆、四川、贵州、云南、西藏、陕西、甘肃、青海、宁夏和新疆12个省（自治区、直辖市）；

东北地区：包括辽宁、吉林和黑龙江3个省。

本书中因小数取舍而产生的误差均未做配平处理。

前　言

　　2017 年，是国家火炬特色产业基地（以下简称特色产业基地或基地）建设发展的第 22 年，也是实施"十三五"规划的攻坚之年。经过 20 多年的建设和发展，特色产业基地已经成为与国家高新区互为补充，重点在县域经济层面、从产业成长需求出发，大力推进高新技术产业化以及运用科技创新成果推动产业转型升级的一项重要实践；已经成为推动区域经济创新发展的重要品牌和抓手，成为推动县市科技工作落地、促进科技与产业协同发展的旗帜。党的十九大报告做出创新是引领发展的第一动力的科学论断，继续推动特色产业基地建设和发展，是深入贯彻党的十九大精神，深入实施国家创新驱动发展战略，推动特色产业高质量发展，加快推进现代化经济体系建设，健全完善区域科技创新体系发展创新型经济的重要体现。

　　截至 2017 年底，全国特色产业基地达到 441 家，遍及 33 个省份（含省、自治区、直辖市、计划单列市），其产业覆盖了节能环保、新一代信息技术、生物、高端装备制造、新能源、新材料和新能源汽车等国家战略性新兴产业的各个领域。2017 年，特色产业基地内高新技术企业总数达到 12736 家，基地企业获得专利授权数达到 17.9 万件，全年实现工业总产值 10.6 万亿元，总收入 10.5 万亿元，净利润 6517.1 亿元，为国家上缴税额 5793.6 亿元，出口创汇 11835.9 亿元。特色产业基地对引导区域产业发展布局、促进产业形成规模经济具有积极的带动作用。

　　为全面、系统、客观地展示特色产业基地发展建设全貌，科学技术部火炬高技术产业开发中心（以下简称火炬中心）在地方科技管理部门及各特色产业基地所在地政府的共同支持推动下，组织编写了《2017 年国家火炬特色产业基地发展研究报告》。报告主要包括五个部分：第一部分为基地发展概况，主要在各地 2017 年度特色产业基地工作总结的基础上，结合 441 家特色产业基地的火炬统计数据分析研究形成。第二部分为基地建设成效，主要由（2013～2017 年）325 家特色产业基地的统计数据对比分析形成。第三部分为县域基地发展，主要讲述 317 家区县基地在 2017 年的发展情况，同时分析了 2013～2017 年连续上报的 226 家特色产业基地在各领域各方面的发展状况。第四部分为管理推动工作，对 2017 年度的管理推动进行了简略概括。第五部分为基础数据概览。本报告客观地反映了 2017 年度及 2013～2017 年特色产业基地的发展情况。

本报告可为政府相关部门、有关单位工作人员开展决策、研究工作提供帮助，也可为社会各界进一步了解特色产业基地发展状况提供参考。鉴于时间所限，本报告中仍可能存在一些疏漏和不足之处，敬请读者批评指正。

科学技术部火炬高技术产业开发中心

2018 年 11 月

目　录

第一部分　基地发展概况

一、基地发展新定位

国家火炬特色产业基地（以下简称特色产业基地或基地）是在一定地域范围内，针对国家鼓励发展的细分产业领域，通过政府组织引导、汇聚各方优势资源、营造良好创新创业环境而形成的具有区域特色和产业特色、对当地经济与社会发展具有显著支撑和带动作用的产业集聚。特色产业基地建设是以科技创新为引领，以高质量和高效益发展为中心，调动社会各界力量，集成优势资源，培育区域优势产业，动力更强劲、增长更持续，是推动区域经济创新发展的有效途径。

1995 年 6 月 22 日，原国家科委火炬计划办公室核定了我国第一家特色产业基地——国家火炬计划海门新材料产业基地（现已更名为国家火炬海门化工材料和生物医药特色产业基地）。经过 22 年的建设和发展，特色产业基地经历了起步探索、调整提升、快速发展等几个阶段，截至 2017 年底，总数已经达到 441 家，分布在全国 33 个省（自治区、直辖市、计划单列市）。

二、总体情况

（一）基地整体发展稳中向好

2017 年，全国范围内特色产业基地发展到 441 家，比 2016 年增加 27 家。根据火炬统计数据（下同），基地实现工业总产值 106473.3 亿元，比上年增长 4.0%；基地实现总收入 104652.1 亿元，比上年增加 4.6%；实现净利润 6517.1 亿元，比上年增长 1.2%；出口总额 1753.0 亿美元，比上年增加 2.0%。数据显示，在国内经济下行压力仍然较大的形势下，特色产业基地仍保持了经济总量的平稳增长。

（二）基地企业集聚初显成效

统计数据显示，2017 年，特色产业基地内共集聚 163363 家企业，比上年增加了 8.5%，其中高新技术企业 12736 家，比上年增加了 18.7%；上市企业 1385 家，比上年增加了 21.0%。

（三）基地载体功能趋于完善

2017 年，基地内共有从业人员 1154.1 万人，比上年增加 3.4%，其中大专学历以上人员 373.2 万人，包括博士 2.8 万人、硕士 17.1 万人，分别比上年增加 12.0% 和 15.5%。共有国家工程中心 443 个，省级企业技术中心 4179 个，市级企业技术中心 8248 个，企业博士后工作站 1105 个，科技服务机构数 5164 个，比上年增加 12.8%，有效地促进了科技创新和科技成果转化工作，特色产业基地已成为推动区域创新创业的重要载体。

（四）基地创新能力不断增强

特色产业基地的建设有效集聚了各类创新资源，不断激发了企业创新热情，提高了企业自主创新能力。2017 年，基地内企业的研发总投入为 2802.3 亿元；申请国内专利 339870 件，比上年增加 8.6%，其中申请发明专利 95498 件，实用新型专利 151103 件；企业获得专利授权 178758 件，比上年增加 7.4%，其中发明专利 29551 件；申请国外专利 2501 件，比上年增加 3.9%；软件著作权登记 13706 件，比上年增加 42.9%。

三、区域分布

（一）基地空间部署符合国家战略需求

国家第十三个五年规划纲要提出：加快构建以陆桥通道、沿长江通道为横轴，以沿海、京哈京广、包昆通道为纵轴，大中小城市和小城镇合理分布、协调发展的"两横三纵"城市化战略格局。其战略意义在于，以线串点、以点带面，有利于加强东中西部地区的经济联系，推动中部、西部、东北、边疆等地区的进一步发展。截至 2017 年，在环渤海地区、长江三角洲地区、珠江三角洲地区、哈长地区、东陇海地区、中原经济区、冀中南地区、太原城市群、呼包鄂榆地区、江淮地区、长江中游地区、海峡西岸经济区、北部湾地区、黔中地区、滇中地区、成渝地区、关中—天水地区、宁夏沿黄经济区、兰州—西宁地区、天山北麓地区、藏中南地区均建设有特色产业基地，有效配合了国家区域发展的总体战略部署（如图 1 所示）。

（二）基地分布呈现"东强西弱"态势

基地主要集中在东部地区。按东部、中部、西部和东北地区分布，基地主要集中在东部地区。截至 2017 年，东部地区已有 316 家基地，占到基地总数的 71.6%；中部地区基地数量 59 家，占基地总数的 13.4%；西部地区基地数量为 33 家，占基地总数的 7.5%；东北地区基地数量为 33 家，占基地总数的 7.5%。见表 1、表 2、表 3、表 4、图 2。

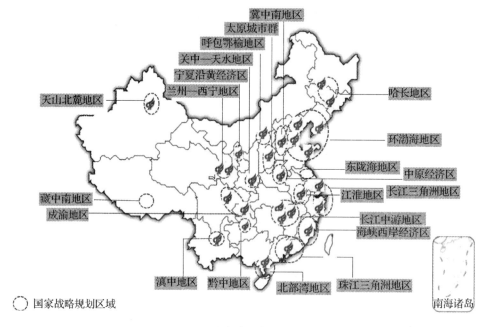

图 1　特色产业基地分布

表 1　特色产业基地在东部地区各省市的分布情况汇总

省（自治区、直辖市、计划单列市）	基地数量	省（自治区、直辖市、计划单列市）	基地数量
江苏	129	天津	9
山东	64	福建	7
浙江	43	宁波	6
广东	25	青岛	5
河北	13	厦门	4
上海	10	北京	1
小计	284	小计	32
合计：316			

表 2　特色产业基地在中部地区各省市的分布情况汇总

省（自治区、直辖市、计划单列市）	基地数量	省（自治区、直辖市、计划单列市）	基地数量
安徽	16	山西	8
湖北	12	湖南	8
河南	12	江西	3
小计	40	小计	19
合计：59			

表3 特色产业基地在西部地区各省市的分布情况汇总

省（自治区、直辖市、计划单列市）	基地数量	省（自治区、直辖市、计划单列市）	基地数量
陕西	6	内蒙古	3
贵州	6	重庆	2
云南	5	宁夏	2
四川	3	甘肃	2
新疆	2	广西	1
新疆兵团	1		
小计	23	小计	10
合计：33			

表4 特色产业基地在东北地区各省市的分布情况汇总

省（自治区、直辖市、计划单列市）	基地数量	省（自治区、直辖市、计划单列市）	基地数量
辽宁	15	吉林	5
黑龙江	9	大连	4
小计	24	小计	9
合计：33			

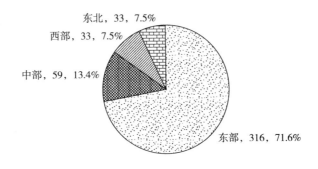

东北，33，7.5%
西部，33，7.5%
中部，59，13.4%
东部，316，71.6%

图2 特色产业基地在全国各地区的分布及比例

发展布局不平衡矛盾依然存在。通过基地数量对比，基地建设集中分布在东部沿海城市，各省市基地数量差距仍较明显。基地数量排名前三的江苏、山东、浙江三省的基地数量分别为129家、64家、43家，分别占基地总数的29.3%、14.5%、9.8%。中部地区安徽、湖北、河南超过10家；东北地区仅辽宁超过10家，西部地区基地数量均未超过10家。见表5。

表5　特色产业基地在全国各省市的分布情况汇总　　　　　　　　单位：家

省（自治区、直辖市、计划单列市）	基地数量	省（自治区、直辖市、计划单列市）	基地数量
江苏	129	贵州	6
山东	64	青岛	5
浙江	43	云南	5
广东	25	吉林	5
安徽	16	厦门	4
辽宁	15	大连	4
河北	13	江西	3
湖北	12	四川	3
河南	12	内蒙古	3
上海	10	新疆	2
黑龙江	9	重庆	2
天津	9	宁夏	2
山东	8	甘肃	2
湖南	8	北京	1
福建	7	广西	1
宁波	6	新疆兵团	1
陕西	6		
小计	392	小计	49
合计：441			

　　总量布局不平衡矛盾短期内仍难以扭转。截至 2017 年底，江苏省的特色产业基地数量已是位居第二名的山东省的 2 倍，是位居第三名的浙江省的 3 倍。江苏省特色产业基地的数量比第二名、第三名的总和还多。图 3 清晰地表现了特色产业基地在各省市的分布排序情况。

　　从分布范围看，特色产业基地的分布与经济发展基础密切相关，各区域的经济发展状况有所差别，特色产业基地的发展情况也就有所不同。从东中西部的分布来看，东部地区的特色产业基地分布比较密集，基地总数几乎为中部、西部以及东北地区基地总数的 3 倍。

　　东部地区基地企业发展总量远高于中部、西部和东北地区。2017 年，特色产业基地内企业总数为 163364 家，东部地区有 132980 家，占到基地总数的 81.4%，其中高新技术企业 9405 家，国内上市企业 869 家，境外上市企业 153 家，营业收入超 10 亿元的企业

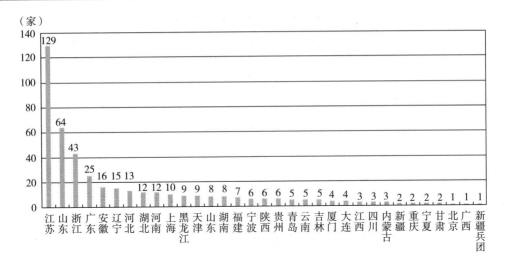

图3　特色产业基地在全国各省市的分布情况

有 1415 家，技术开发和技术服务型企业 3717 家，分别占总数的 73.8%、72.1%、85.5%、73.6% 和 71.1%。见表6。

表6　2017 年特色产业基地企业分布情况　　　　　　单位：家

企业分布	东部	东部占比（%）	中部	中部占比（%）	西部	西部占比（%）	东北	东北占比（%）	合计
基地内企业数	132980	81.4	20168	12.3	5418	3.3	4798	2.9	163364
其中：高新技术企业	9405	73.8	1909	15.0	819	6.4	603	4.7	12736
国内上市企业	869	72.1	155	12.9	105	8.7	77	6.4	1206
境外上市企业	153	85.5	11	6.1	4	2.2	11	6.1	179
营业收入超10亿元企业	1415	73.6	376	19.6	70	3.6	62	3.2	1923
技术开发和技术服务型企业	3717	71.1	726	13.9	562	10.7	223	4.3	5228

区域间经济发展不均衡问题仍突出。对 2017 年 441 家特色产业基地经济指标统计显示，东部、中部、西部及东北地区工业总产值分别为 78616.4 亿元、14876.2 亿元、8587.9 亿元和 4392.7 亿元，分别为特色产业基地工业总产值的 73.8%、14.0%、8.1% 和 4.1%，东部地区特色产业基地经济发展总量明显高于中部、西部及东北地区。具体情况详见表7。

表7 2017年特色产业基地经济发展指标

经济发展指标	东部	东部占比（%）	中部	中部占比（%）	西部	西部占比（%）	东北	东北占比（%）	合计
工业总产值（亿元）	78616.4	73.8	14876.2	14.0	8587.9	8.1	4392.7	4.1	106473.3
其中：骨干企业产值	45552.0	72.2	8292.8	13.1	6038.9	9.6	3209.4	5.1	63093.2
总收入（亿元）	80105.7	76.5	14466.4	13.8	5481.2	5.2	4598.7	4.4	104652.1
技术性收入（亿元）	2033.1	80.0	282.2	11.1	99.2	3.9	126.3	5.0	2540.8
出口总额（亿美元）	1607.5	91.7	91.6	5.2	32.7	1.9	21.2	1.2	1753.0
上缴税额（亿元）	4364.5	75.3	635.8	11.0	440.0	7.6	353.2	6.1	5793.6
净利润（亿元）	5321.7	81.7	690.1	10.6	203.8	3.1	301.5	4.6	6517.1

加大推动欠发达地区的发展得到高度重视。为有效推动欠发达地区发展特色产业基地建设，2015年火炬中心印发的《国家火炬特色产业基地建设管理办法》中明确指出，"经济欠发达地区、边疆及少数民族地区申报特色产业基地的，申报条件可适当放宽"。2016年，国务院印发的《"十三五"促进民族地区和人口较少民族发展规划》（国发〔2016〕79号）要求："培育壮大特色优势产业。支持民族地区国家高新技术产业、火炬特色产业基地建设。"

重大举措——积极推动欠发达地区发展特色产业

《国家火炬特色产业基地建设管理办法》指出，"经济欠发达地区、边疆及少数民族地区申报特色产业基地的，申报条件可适当放宽"。

2017年，确定了和林格尔新区大数据特色产业基地、黔西南州民族医药特色产业基地、石河子高新区葡萄精深加工特色产业基地为国家火炬特色产业基地。

四、产业分布

发展特色产业是振兴和发展区域经济的必然选择。在产业布局上,特色产业基地的产业聚焦点也从早期的传统产业和地方特色产业向战略性新兴产业转型。

(一) 特色产业在重点领域的分布

从产业布局来看,特色产业基地建设要求每家基地的主体产业都是当地的支柱产业,明确支持具有资源优势、市场竞争优势、政策支撑优势、技术优势和发展基础优势的特色鲜明的产业发展。主导产业主要集中在先进制造、新材料、生物医药等重点领域。截至2017年底,全国441家特色产业基地中,先进制造与自动化基地163家,占基地总数的37.0%;新材料基地108家,占基地总数的24.5%;生物与新医药基地64家,占基地总数的14.5%。先进制造与自动化、新材料及生物与新医药型基地数量占特色产业基地总数的76.0%,全国将近八成的特色产业基地主导产业集中在这三大领域。各领域分布情况见图4。

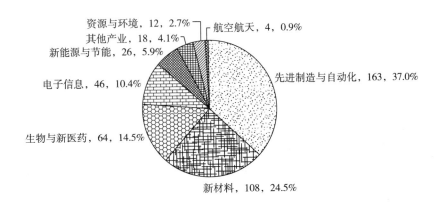

图4 2017年特色产业基地领域分布

（二）基地企业在重点领域的分布

2017 年，全国 441 家基地特色产业基地入驻企业共 163364 家，其业务领域分别属于或服务于五个重点领域，其中先进制造与自动化领域 56598 家、新材料 26292 家、生物与新医药 19032 家、电子信息 11794 家、新能源与节能 2637 家，分别占基地企业数的 34.6%、16.1%、11.7%、7.2%、1.6%。具体企业类型见表 8。

表 8   特色产业基地各领域内各类企业分布情况   单位：家

各类企业分布	先进制造与自动化	新材料	生物与新医药	电子信息	新能源与节能	其他产业	资源与环境	航空航天	合计
基地内企业数	56598	26292	19032	11794	2637	35306	10705	1000	163364
各领域基地企业数占比（%）	34.6	16.1	11.7	7.2	1.6	21.6	6.6	0.6	100.0
其中：高新技术企业	5267	2704	1391	1578	746	610	341	99	12736
国内上市企业	364	304	218	147	80	41	44	8	1206
境外上市企业	32	36	41	40	12	12	6	0	179
营业收入超 10 亿元企业	825	498	185	204	102	59	42	8	1923
技术开发和技术服务型企业	1374	600	1066	1606	181	203	96	102	5228

2017 年，先进制造与自动化领域工业总产值 40581.9 亿元、新材料 28175.2 亿元、生物与新医药 12187.0 亿元、电子信息 12855.7 亿元、新能源与节能 4666.5 亿元。具体重点领域经济发展情况见表 9。

表 9   2017 年特色产业基地重点领域经济发展指标

产业领域	先进制造与自动化	新材料	生物与新医药	电子信息	新能源与节能	其他产业	资源与环境	航空航天	合计
工业总产值（亿元）	40581.9	28175.2	12187.0	12855.7	4666.5	4486.9	2869.1	650.9	106473.3
各领域工业总产值占比（%）	38.1	26.5	11.4	12.1	4.4	4.2	2.7	0.6	100.0
其中：骨干企业产值（亿元）	23631.9	15996.2	6908.1	8832.5	3314.5	2915.0	1316.5	178.5	63093.2
总收入（亿元）	37242.7	28527.8	12349.5	13636.8	4589.6	4896.0	2873.7	535.9	104652.1
技术性收入（亿元）	691.9	483.7	283.1	798.7	75.3	154.0	53.5	0.5	2540.8
出口总额（亿美元）	535.2	444.4	153.3	453.4	54.6	85.3	25.2	1.6	1753.0
上缴税额（亿元）	2005.1	1766.2	673.4	666.9	246.9	168.6	165.0	101.4	5793.6
净利润（亿元）	2283.9	1718.2	930.4	806.6	246.4	306.9	194.9	29.7	6517.1

第二部分　基地建设成效

2017 年，在各省级科技行政主管部门，以及基地所在地政府、国家或省级高新技术产业开发区管委会、经济技术开发区管委会等（以下简称当地政府）科学规划、精心组织、积极推动下，特色产业基地建设坚持科技创新引领产业发展，不断优化创新创业环境，集聚创新要素资源，形成了特色产业集聚、创新企业成长、科技成果不断转化的发展局面，以 2013～2017 年连续完整上报数据的 325 家基地（下同）为例，基地工业总产值增长 13.3%，总收入增长 17.1%，出口创汇减少 6.8%，上缴税额增长 12.9%，净利润减少 1.5%，促进区域经济平稳健康发展。

一、提质增效，基地产业水平稳步提升

（一）释放龙头活力，带动基地聚集发展

在深入推进基地产业集约化、集群化、集成化发展过程中，骨干企业是基地建设和发展的主体，各基地积极培育产业关联度高、主业突出、创新能力强、带动性强的重要骨干企业。

据统计，截至 2017 年，在 325 家基地中，骨干企业的数量共有 5691 家，占基地企业总数的 4.4%；骨干企业的从业人员达到 301.1 万人，占基地从业人员总数的 33.3%，比

2013 年新增 32.7 万人；骨干企业实现工业总产值 50645.2 亿元，占基地工业总产值的 57.4%，比 2013 年增加 6431.5 亿元。见表 10。

表 10 2013~2017 年特色产业基地骨干企业汇总

年份	2013	2014	2015	2016	2017
骨干企业总数（家）	4999	5304	4912	5319	5691
骨干企业从业人员总数（万人）	268.4	275.8	279.6	292.5	301.1
骨干企业工业总产值（亿元）	44213.7	45863.1	46840.6	49086.1	50645.2

说明：表中统计基础为 2013~2017 年可比数据（325 家基地）。

特色产业基地的发展离不开企业的成长与进步，尤其是基地内骨干企业的发展。2017 年，325 家基地骨干企业只占基地企业总数的 4.4%，却占到基地工业总产值的 57.4%，超过一半的经济效益都是由骨干企业创造的，骨干企业带动了基地整体效益的增长。基地骨干企业的良性发展对形成以骨干企业为核心纽带的全产业链格局，带动基地人才、技术、产业的可持续发展产生着重要的影响。

（二）上下游企业联动，产业聚集效应凸显

特色产业基地积极营造良好的创新创业环境，吸引和集聚产业链相关企业，企业数量呈现逐步上升的趋势，集群效应明显。按照 325 家可比统计数据统计，2013~2017 年，特色产业基地企业总数由 2013 年的 97082 家增长到 2017 年的 128043 家，较 2013 年增加 30961 家，增长比例为 31.9%，年均复合增长率达到 7.2%（见表 11）。其增长趋势可见图 5。

表 11 2013~2017 年特色产业基地企业数量汇总

年份	2013	2014	2015	2016	2017
企业总数（家）	97082	107501	110262	119242	128043

说明：表中统计基础为 2013~2017 年可比数据（325 家基地）。

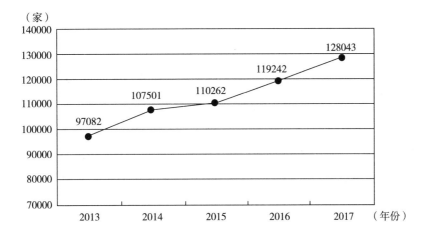

图5　2013～2017年特色产业基地企业增长趋势

由图5可知，自2015年开始，企业数量增长趋势加快，从110262家增加到128043家，特色产业基地企业聚集实现了量的突破。特色产业基地逐步形成了以主导产业为牵引，吸引相关企业入驻基地，完善全产业链条的发展格局。特色产业基地围绕特色产业，积极集成各方资源和力量，以科技创新和体制机制创新为驱动力，以培育发展具有较高技术含量、较强市场竞争力、特色鲜明、优势明显的产业为目的，以载体平台等硬件建设与创新文化等环境建设相结合，构建具有较完备支撑和服务功能的产业集聚区，从而带动企业实现健康、可持续发展。

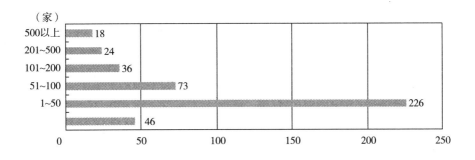

图6　2017年423家特色产业基地科技型中小企业数汇总

中小企业是我国经济和社会发展中的一支重要支撑力量，在确保国民经济稳定增长、缓解就业压力、拉动民间投资、优化经济结构、促进市场竞争、推进技术创新、促进市场繁荣、方便群众生活、保持社会稳定等方面具有不可替代的地位和作用，因此，培育中小企业的发展也是基地发展的重要任务。2017 年度科技型中小企业数在 100 家以内的基地占整个火炬基地数量的 70.7%；其次拥有 101～200 家、201～500 家企业总数的基地分别占火炬基地数量的 8.5% 和 5.7%；企业总数 500 家以上的有 18 个。见图 6。

（三）科技创新引领，大力培育高新技术企业

特色产业基地建设不断引导和激发企业自主创新热情，提高企业科技创新能力，高新技术企业培育工作取得了显著的成效。2013～2017 年，基地内高新技术企业数量快速增长。2017 年 325 家特色产业基地内共集聚 128043 家企业，高新技术企业总数达到 10743 家，高新技术企业占到基地企业总数的 8.4%；2013 年 325 家基地企业数 97082 家，高新技术企业数 7375 家，高新技术企业占到基地企业总数的 7.6%。见表 12 和图 7。

表 12　2013～2017 年特色产业基地高新技术企业汇总

年份	2013	2014	2015	2016	2017
高新技术企业总数（家）	7375	7935	8536	9338	10743

说明：表中统计基础为 2013～2017 年可比数据（325 家基地）。

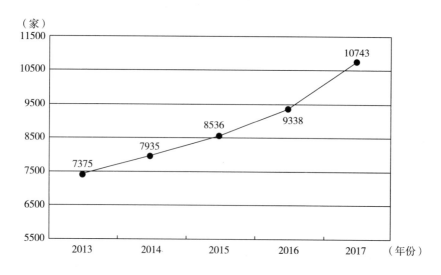

图 7　2013～2017 年特色产业基地高新技术企业增长趋势

特色产业基地内高新技术企业数量增加，在产品创新、技术研发上优势增大，企业整体素质得到进一步提高。按 325 家特色产业基地可比数据统计，2013 年基地内高新技术

企业 7375 家，2017 年基地内高新技术企业总数达到 10743 家，比 2013 年增加了 3368 家，增长比例为 45.7%，2013～2017 年，基地内高新技术企业年均复合增长率为 9.9%，总体上呈现稳步增长的趋势。

（四）加大品牌带动，上市企业发展成效显著

培育和推进企业上市对增强区域经济活力、促进产业转型升级具有重要作用。推动特色产业基地内企业上市或引入上市企业入驻基地，对增强基地企业创新发展的动力、发挥上市企业的品牌效应、带动基地竞争力全面提升等具有较强的示范意义。

按 325 家特色产业基地可比数据统计，特色产业基地上市企业数量呈逐年增长态势。从 2013 年的 544 家发展到 2017 年的 1079 家，增长率达 98.3%。2013～2017 年，基地内上市企业年均复合增长率为 18.7%。见表 13 和图 8。

表 13 2013～2017 年特色产业基地上市企业情况汇总　　　　　　单位：家

年份	2013	2014	2015	2016	2017
国内上市企业	428	474	658	760	914
境外上市企业	116	132	164	160	165
合计	544	606	822	920	1079

说明：表中统计基础为 2013～2017 年可比数据（325 家基地）。

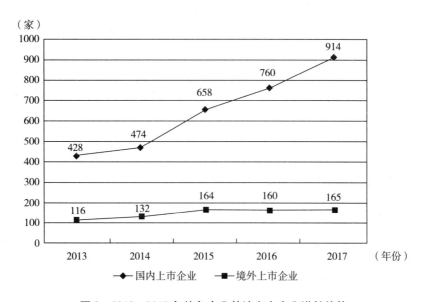

图 8 2013～2017 年特色产业基地上市企业增长趋势

2013～2017 年，国内上市企业入驻的情况呈现每年上涨势态，增长最明显的是 2015 年，高出 2014 年 38.8%，境外上市企业数量有一定起伏，2013～2015 年国内外上市企业数量都处于上升趋势，2016 年境外上市企业数量虽有所下降，但 2017 年数量继续上升，比 2013 年上市企业数量增加 42.2%。

二、创新驱动，推动经济高质量发展

进入"十三五"以来，以习近平同志为总书记的党中央提出了创新发展、协调发展、绿色发展、开放发展和共享发展"五大发展"理念，我国经济发展新常态下，经济进入到高质量发展阶段，在国家提出供给侧结构性改革、"三去一降一补"的形势下，坚持走绿色发展道路，着力提高经济发展质量和效益，成为基地建设落实贯彻国家战略和经济工作部署的指导方针。三年来，火炬基地建设在推动地方经济落实"五大发展"理念、促进特色产业提质增效高质量发展方面取得了成效。

（一）坚定不移加强技术创新

改革开放 40 年来，我国经济快速发展主要源于发挥了劳动力和资源环境的低成本优势。进入发展新阶段，我国在国际上的低成本优势逐渐消失，绝大部分产业发展处于中下游水平。因此，加强技术创新，实施创新驱动发展战略，加快实现由低成本优势向创新优势的转换，不仅有助于推进我国传统产业提质增效、转型升级，而且也是我国持续发展的强大动力源泉。

案例 1　深化产学研合作，促进产业转型升级

国家火炬费县木基复合材料特色产业基地通过与人造板产业技术研究院等院校深化产学研合作，研发前沿技术促进产业转型升级，实现了板材甲醛释放量从有醛到无醛再到净醛负氧离子的重大突破。

案例1 深化产学研合作，促进产业转型升级
——国家火炬费县木基复合材料特色产业基地

目前，国家火炬费县木基复合材料特色产业基地大专及以上人员 26689 人，研发人员 8924 人，博士 33 人，硕士 341 人。2017 年，申请专利 89 项，其中发明专利 15 项，授权发明专利 12 项，软件著作权 21 项。基地承担的国家级、省级、市级项目分别为 6 项、7 项、52 项。2017 年，基地改造提升传统产业效果显著，千亿级木业产业服务中心建设完成和全省首家人造板产业技术研究院成立，举办了首届木业产业高峰论坛，在技术创新、模式创新等方面都走在了行业前列；板材甲醛释放量实现了从有醛到无醛再到净醛负氧离子的升级，产品实现了从初级产品到成品家具再到全屋定制、整体家装、"工业4.0"的转变；优优木业生产的净醛负氧离子产品通过权威专家认定，达到国际先进水平。

案例2 加强技术革新，促进经济增长

国家火炬保定新能源与能源设备特色产业基地通过汇聚创新资源、提升科技创新能力等方式，进一步延伸新能源与能源设备产业链条，推动基地内企业规模化、产品高端化发展。

案例2 加强技术革新，促进经济增长
——国家火炬保定新能源与能源设备特色产业基地

保定新能源与智能电网装备创新型产业集群创新资源不断汇聚，拥有 4 个国家级重点实验室，3 个国家级企业技术中心，15 个省级技术中心，25 个高新区企业技术中心。取得国家、行业标准 200 余项，专利超过 7600 项，多项成果已经达到国际、国内领先水平，拥有新能源领域多项第一，研发的智能化快速充电技术和数字变电技术生产的产品处于世界领先水平。此外，还掌握了硅材料提纯、高效太阳能电池、光伏发电应用等产业链核心技术，光伏组件出货量连续保持全球领先，并在光伏电站建设方面取得突破，在光伏制造产业化、规模化、国际化方面具有强大的国际影响力。

（二）坚定不移推进绿色发展

随着中国经济的持续快速发展，城市化进程和工业化进程的不断推进，环境污染日益严重，国家对环保的重视程度也越来越高。"十三五"期间提出，要确定单位 GDP 能耗降低、主要污染物排放总量减少等约束性指标，必须不断提升我国节能环保技术装备和服务水平，为大规模节能减排、大力发展循环经济提供坚实的产业支撑，是我国转变发展方式、调整经济结构的必然选择。

案例 3　加强绿色环保，促进经济可持续发展

国家火炬廊坊大城绝热节能材料特色产业基地通过严格执行节能减排政策，直接倒逼企业引进开发新技术、新装备，推动清洁生产提质升级，实现绿色环保的发展理念。

案例 3　加强绿色环保，促进经济可持续发展
——国家火炬廊坊大城绝热节能材料特色产业基地

自 2015 年以来，大城县委县政府积极推进环保整治系列行动，取缔关停排放不达标散乱污企业 810 多家，以大气污染治理倒逼企业创新求生、转型升级。目前，用高新技术改造传统产业的投资比重已达到 80%，采用高新技术改造的企业利润超 1000 万元的重点企业占企业总数的 50% 以上，技术装备 100% 达到国内先进水平，基地企业共获得专利、软件著作权等自有知识产权 126 项，其中发明专利 10 项；完成国内领先水平科技成果 7 项，基地企业参与制定绝热节能材料产品国家标准 14 项。

案例 4　强化节能技术推广工作，促进基地产业绿色发展

国家火炬绍兴纺织特色产业基地通过落实节能关键技术的推广工作，对基地内重污染、未达标的纺织企业进行技术改造，走出了一条绿色可持续发展之路。

案例4　强化节能技术推广工作，促进基地产业绿色发展

——国家火炬绍兴纺织特色产业基地

　　国家火炬绍兴纺织特色产业基地通过强化节能减排倒逼机制及推广节能节水的装备技术，2017年绍兴市纺织印染行业单位产值能耗比2010年下降20.4%，总计约110余家印染企业实施"煤改气"，产业绿色发展环境进一步优化。

（三）坚定不移实施品牌战略

　　品牌的树立，是产业高质量发展的必备条件之一。建立知名的产业品牌效应，有利于提升产业核心竞争力，有利于促进全产业链集聚发展，有利于汇聚各类优质创新资源，是促进产业做大做强的有力支撑。

案例5　汇聚知名企业，打响产业品牌

　　国家火炬蚌埠精细化工特色产业基地通过汇聚产业内知名企业，制定国家标准、行业标准，提升产品科技含量，生产高附加值产品，树立驰名商标等方式，打响基地的产业品牌效应，促进基地内产业蓬勃发展。

案例5　汇聚知名企业，打响产业品牌

——国家火炬蚌埠精细化工特色产业基地

　　国家火炬蚌埠精细化工特色产业基地目前落户的8家企业拥有省级以上著名商标，4家企业拥有省级以上名牌；主持制定国家标准7项，行业标准3项；燃料乙醇是国内最大定点厂家，国内市场占有率第一；苹果酸市场占有率全球第一；对氨基苯酚、对邻硝基氯化苯、对硝基苯酚产量全国首位；聚丙烯酰胺国内民用市场占有率第一，出口量居全国前三；PVC辅助热稳定剂排名行业第一，基地目前已成为国内外具有一定影响力的精细化工产业基地。

案例 6 发挥龙头企业品牌带动作用，提升新材料产业核心竞争能力

国家火炬佛山电子新材料特色产业基地通过加强龙头企业品牌的支持力度，实现与之相关联的科技型中小企业集聚，促进基地内龙头企业和配套企业的协同发展，进一步延伸产业链条。

案例 6 发挥龙头企业品牌带动作用，提升新材料产业核心竞争能力

——国家火炬佛山电子新材料特色产业基地

大力实施品牌带动战略，提升新材料产业集群内企业品牌意识，推动生产要素向名牌产品和优势企业流动，通过品牌企业聚集效应，培养形成区域品牌；积极培育国家、省名牌产品，对评选为"中国名牌产品"和"中国驰名商标"的企业给予大力宣传和重点扶持；加强企业自主创新和标准、计量、质量等内部管理，不断提高产品质量和服务水平。同时，积极培育关联度大、带动性强的龙头企业，发挥其产品辐射、技术示范、信息扩散和销售网络中的龙头作用，引导中小企业集聚，提高企业间专业化协作水平，支持符合产业发展方向、具有相关配套条件的企业延伸产业链。

（四）夯实高质量发展的基础

高质量发展是促进我国从"中国制造"到"中国创造"，迈入经济发展新时代的重要支撑；而科技创新作为高质量发展的核心驱动力，夯实科技创新基础是促进高质量发展的重要环节之一。

案例 7 加强产学研合作，夯实高质量发展基础

国家火炬东营经开区铜冶炼与铜材深加工特色产业基地通过实施产学研合作、提升基地内企业科技创新能力，促进产业提质增效、转型升级，为基地高质量发展奠定了坚实的基础。

案例7 加强产学研合作，夯实高质量发展基础

——国家火炬东营经开区铜冶炼与铜材深加工特色产业基地

国家火炬东营经开区铜冶炼与铜材深加工特色产业基地通过实施产学研结合"四个一"工程，开展每家骨干企业联系一家科研院所、联建一个科研机构、引进一个高端人才（团队）、联合研发一个科技项目活动，实现了科研机构、科技人才和参与企业各尽所能、各取所需、互利共赢的局面。例如，基地内山东方圆有色金属集团与中国有色工程设计研究总院开展产学研合作，成功研发了具有中国自主知识产权的"氧气底吹造锍捕金新工艺"，并建成一条年产10万吨镍基材料示范生产线。该技术的成功，将不仅解决红土镍矿中镍及其他有价金属综合提取的问题，填补我国有色冶金领域的空白，具有国际领先水平，而且对国家解决战略性资源镍的储备问题具有重大意义。

案例8 创新知识产权合作模式，促进产业平稳健康发展

国家火炬安顺航空智能制造特色产业基地通过创新知识产权合作模式，积极引导专利中介机构深入企业，实现企业与专业机构之间的深入合作，确保了基地内知识产权数量与质量的快速增长。

案例8 创新知识产权合作模式，促进产业平稳健康发展

——国家火炬安顺航空智能制造特色产业基地

充分发挥专利资助引导作用，助推专利申请质与量协调发展。以提升自主创新能力为导向，不断完善《开发区专利资助办法》，同时探索建立"政府＋中介＋企业"的专利申请合作模式，大力培育发展专利中介机构，积极引导专利中介机构深入企业，深度挖掘专利潜能，确保基地专利申请快速稳步增长。2017年，基地已完成专利申请数270件，其中，发明专利102件、实用新型专利126件、外观设计专利42件；专利

授权数 88 件，其中，发明专利 13 件、实用新型专利 50 件、外观设计专利 25 件。截至 2017 年底，基地拥有有效发明专利 89 件，初步完成了基地在航空及相关技术、医药、汽车零部件等领域的核心专利布局。

三、深化改革，助力京津冀协同发展

京津冀协同发展成为国家重大战略部署，"实现京津冀协同发展，是面向未来打造新的首都经济圈、推进区域发展体制机制创新的需要"。实现京津冀协同发展需要在体制机制上取得创新突破，火炬基地通过深化改革、建设创新模式进行了有益的探索，对助力京津冀协同发展起到积极的推动作用。

（一）建设京津冀协同创新平台

通过各类"协同创新平台"的搭建，能实现京津冀创新资源和要素有效汇聚，通过突破创新主体间的壁垒，充分释放彼此间"人才、资本、信息、技术"等创新要素活力，从而实现深度合作。

案例 9 成立产业创新联盟，推动京津冀协同创新发展

国家火炬保定安国现代中药特色产业基地通过联合中医科学院、北京中医药大学、河北中医药学院等知名院所，成立了京津冀中药产业创新联盟，推动京津冀协同创新发展。

案例 9 成立产业创新联盟，推动京津冀协同创新发展
——国家火炬保定安国现代中药特色产业基地

国家火炬保定安国现代中药特色产业基地（以下简称基地）经国家科学技术部批

准于 2007 年 3 月正式成立，2017 年 6 月参加了国家火炬基地的复核。目前，基地汇聚了北京同仁堂、国药乐仁堂、河南百消丹、天津红日药业等多家国内知名中药企业入驻，拥有国家级、省级创新平台 4 个，创新联盟 1 个。由中国中医科学院牵头，北京中医药大学、河北中医学院、中国北京同仁堂（集团）有限责任公司、天士力控股集团有限公司、石药集团有限公司等机构与企业共同发起成立了京津冀中药产业创新联盟，办事机构设于安国市。

案例 10　建立京津冀创新创业平台，推动京津冀协同创新发展

国家火炬保定新能源与能源设备特色产业基地通过统筹空间部署，重点培育新能源与能源设备研发、实验检测等服务平台，打造京津冀创新创业生态系统示范区，推动京津冀协同创新发展。

案例 10　建立京津冀创新创业平台，推动京津冀协同创新发展
——国家火炬保定新能源与能源设备特色产业基地

国家火炬保定新能源与能源设备特色产业基地（以下简称基地）经国家科学技术部批准于 2013 年 6 月正式成立，基地拥有各类企业 3970 家，其中，高新技术企业 188 家，科技型中小企业 629 家，各类公共服务平台 56 家，科技从业人员 3.5 万人。基地充分发挥国家高新区创新驱动载体和平台优势，整合创新资源，加大创新投入。以保定·中关村创新中心为辐射源，以京津保创新创业大街为轴，辐射拓展，重点培育新能源与能源设备研发、实验检测等服务平台，打造京津冀创新创业生态系统示范区，储备技术，促进基地产业持续创新。

（二）推动京津冀三地联动发展

三地联动发展是促进京津冀协同创新共同体建设的有效支撑。基地从成果转化、重大

项目、人才等各类科技资源流通方面促进京津冀三地的协同发展。

案例 11　抢抓京津冀协同发展机遇，加快实施对京招商工作部署

国家火炬武清新金属材料特色产业基地围绕当地主导产业发展需求，积极开展对京招商工作部署，将北京市的优质项目积极引入天津市落地转化，促进京津冀三地协同创新发展。

案例 11　抢抓京津冀协同发展机遇，加快实施对京招商工作部署

——国家火炬武清新金属材料特色产业基地

国家火炬武清新金属材料特色产业基地（以下简称基地）经国家科学技术部批准于 2012 年正式成立，并于 2015 年通过复核，基地已引进企业 1300 多家，主导产业企业个数占 85.6%，汇聚了中国钢研集团、天津工业大学国家复合材料研发中心、美国埃尔泰克先进材料集团等一批国内外知名企业。

基地积极开展对京招商工作，通过北京电视台卫视频道每天进行宣传推介，2018 年以来赴京招商 60 多次，新增北京渠道 180 个，围绕基地主导产业，重点对在京央企、国企和中关村一区十六园骨干企业进行梳理，建立项目动态资源库，掌握了 130 多家企业信息，目前重点跟踪项目 36 个。

案例 12　加强京津冀科技资源流动，促进京津冀协同创新发展

国家火炬武清汽车零部件特色产业基地紧紧围绕京津冀三地协同发展的战略定位，开展京津冀三地项目交流、洽谈、招商等工作，有效地促进了京津冀三地科技资源的流通，发挥北京科技资源优势，推动了北京若干重大项目在津冀地区的转化落地。

案例12 加强京津冀科技资源流动，促进京津冀协同创新发展

——国家火炬武清汽车零部件特色产业基地

国家火炬武清汽车零部件特色产业基地（以下简称基地）经国家科学技术部批准于2013年正式成立，最近复核时间2016年，目前基地内共有企业200余家，规模以上企业53家，高新技术企业24家，骨干企业12家，销售收入超10亿元的企业有3家，超亿元的企业28家，特色产业比重达到83%以上。

基地紧紧围绕新能源汽车零部件主导产业，盯住京津冀等重点地区全力推进引资工作，加强"走出去"工作力度，已开展京津冀等重点区域常态化跑动200余次，举办重点区域推介会2次；量化考核指标，引入退出机制，充分发挥北京招商载体平台作用；拓展异地招商载体平台，开展异地楼宇建设，优化配置园区招商资源；侧重优质中介机构，积极拓展招商渠道，全年巩固、拓展领袖基业、天津招商网、京津冀招商网、景泰众诚、云招商等优质机构；加强招商交流与合作，加快推进京津冀协同创新共同体建设的战略部署。

四、全面落实，助推供给侧结构性改革发展

2017年10月18日，习近平同志在十九大报告中指出，深化供给侧结构性改革。建设现代化经济体系，必须把发展经济的着力点放在实体经济上，把提高供给体系质量作为主攻方向，显著增强我国经济质量优势。基地自成立以来，深入贯彻"三去一降一补"战略方针，在推进新兴产业培育、淘汰落后产能等方面取得了显著的成效。

（一）科技创新加快新兴产业培育

通过大力实施技术革新计划，促进关联产业资源、技术等融合，进一步加快战略性新

兴产业培育，催生新的发展业态。

案例 13 跨界融合，加速培育新兴业态

国家火炬北京大兴新媒体特色产业基地通过技术创新、开展智能图书运营模式等方式，降低产业生产运营成本，提升产业科技化、智能化水平，增强产业核心竞争力。

案例 13 跨界融合，加速培育新兴业态
——国家火炬北京大兴新媒体特色产业基地

国家火炬北京大兴新媒体特色产业基地（以下简称基地）于 2005 年经科技部批复为全国唯一以新媒体产业为主的火炬特色产业基地，近年来，基地立足优化构建高端产业体系，腾退转型＋引进培育两手抓，形成了以新媒体产业为核心，以影视制作、数字出版、设计创意和电子商务为重点发展领域的"一核四重"开放式产业格局。

目前，基地大力开展技术创新、产业升级的工作，实现了"大数据＋零售业"有机融合的发展新模式，催生了华北首家 24 小时无人值守城市书房；全国第一家入驻购物中心的 24 小时实体图书馆；自主研发的"雷图智云"远程智慧监控系统，是行业内第一家全安防安全整体系统，拥有自主知识产权 21 项；24 小时城市书房运用物联网和大数据技术，智能提示更新书目，动态调整图书配送，提高了阅读消费供给侧的精度和质量等一系列产业"新气象"。

案例 14 加大技术创新力度，打造市场优质产品

国家火炬滨州邹平玉米精深加工特色产业基地通过技术研发，提升产品质量，改善产品市场供需结构，提高产业的市场占有率。

案例14 加大技术创新力度，打造市场优质产品
——国家火炬滨州邹平玉米精深加工特色产业基地

国家火炬滨州邹平玉米精深加工特色产业基地（以下简称基地）于2017年通过国家科学技术部火炬中心核定，基地以玉米精深加工为主导产业，拥有骨干企业14家，职工12000余人，形成了高端淀粉糖装备制造及技术研发，玉米精深加工生产医药级淀粉糖、维生素、动物饲料及其添加剂、糠醛、生物质化肥等产品制造及研发，玉米生物转化酶制剂产品制造及工艺技术研发，以及玉米精深加工产业链延伸的发展态势。

目前，基地开展玉米精深加工关键共性技术的研发计划，增强自主创新能力，成功研发了保健玉米胚芽油，VE含量为70mg/100g，植物甾醇核心营养组分β-谷甾醇的含量高达670mg/100g，满足国家和消费者对食品营养、食品安全的要求。成功研发了结晶果糖产品，为科技兴粮、乡村振兴、健康中国、转化玉米、补充食糖提供了新途径，是产品提档、业态升级、提质增效的重要体现，同时实现了产业链、价值链的延伸与提升，打造的5个药字号产品、1个健字号产品在国内市场占有率排名第一。

（二）提档升级淘汰产业落后产能

基地通过实施技术创新、淘汰落后产能等方式，实现产业高端化集聚发展，有效促进产业绿色环保可持续发展。

案例15 严控节能环保标准，淘汰产业不达标企业

国家火炬谷城节能与环保产业基地严控企业节能环保标准，淘汰污染重、耗能大、产能低的企业，促进产业健康快速发展。

案例 15　严控节能环保标准，淘汰产业不达标企业

——国家火炬谷城节能与环保产业基地

国家火炬谷城节能与环保产业基地（以下简称基地）经国家科学技术部批准于 2002 年正式成立，基地致力于打造全国一流的循环经济示范区、"城市矿产"示范基地、中国（车）桥城、亚洲锻造中心，以及"汉十"汽车产业带重要汽车零部件产品生产基地；拥有工业企业 140 余家，其中规上企业达到 105 家，包括中国民企 500 强、上市企业——骆驼集团，全国同行业领军企业——三环车桥、三环锻造、金洋公司等，已经形成汽车零部件、再生资源、新型建材、电子信息等特色产业集群。

目前，基地重点支持发展节能降耗型、节约资源型和生态型、科技型、环保型产业，限制和淘汰浪费资源或污染环境的企业，构筑符合循环经济要求的绿色产业体系；同时，严格执行新上马企业的环保节能标准，做到污染环境型的坚决不上、资源浪费型的坚决不上、落后淘汰型的坚决不上，近两年已"卡"掉了 20 多家企业，关闭了 28 家环保不达标企业。

案例 16　开展产业转型升级计划，提升基地主导产业水平

国家火炬泰兴精细专用化学品特色产业基地通过实施传统产业转型升级计划，聘请行业专家开展企业病理诊断，提出企业提升质量的解决方案，同时严把质量关，淘汰不达标企业。

案例 16　开展产业转型升级计划，提升基地主导产业水平

——国家火炬泰兴精细专用化学品特色产业基地

国家火炬泰兴精细专用化学品特色产业基地（以下简称基地）于 2015 年经科技部火炬中心批准建立，基地内现有规模以上工业企业 141 家，其中亿元以上企业 53 家，

世界500强企业18家，集聚了包括新加坡新浦化学、荷兰阿克苏诺贝尔、法国爱森絮凝剂、中国台湾联成化学等20多个国家和地区的跨国企业，形成了"规模企业集聚、优势产品集中、主导产业集群"的发展格局。

目前，基地大力实施"1133"产业转型升级工程，深入实施企业升级计划，邀请省化学化工学会对区内76家化工生产企业进行"把脉问诊"，形成《一企一策转型升级发展意见》，督促企业对照"一企一策"制订切实可行的整改方案，引导企业转型发展，已有30家企业上报36个升级项目。下大力气淘汰关停一批生产工艺设备落后、安全环保隐患较多的小化工企业，腾出土地空间和环境容量，为更优项目进区、加快转型升级创造条件，全年关停化工企业18家，拆除化工企业11家。

案例17　深化"三去一降"战略部署，实施产业升级任务安排

国家火炬泰州靖江新技术船舶特色产业基地认真执行"三去一降"的任务部署，淘汰落后产能，提升科技创新能力，促进基地船舶业做大做强。

案例17　深化"三去一降"战略部署，实施产业升级任务安排
——国家火炬泰州靖江新技术船舶特色产业基地

国家火炬泰州靖江新技术船舶特色产业基地（以下简称基地）经国家科学技术部批准于2012年正式成立，基地内现有骨干船舶及配套企业424家，其中高新技术企业16家；基地从业人数58196人，研发人员3290人，其中硕士人员184人，博士61人；在船舶工业市场低迷情况下，基地造船完工量、新承接订单、手持订单三大主要指标仍居全国三甲。

目前，基地从来料加工向订单建造方式转变，内河向近海船型转移，为大型船舶生产提供分段配套。大力推进"安全、环保、经济、美观"的标准船型，培育重点企业，淘汰一批小、散、闲造船企业。加快推广运用内河船舶环保、安全、节能减排等

新技术，船舶动力装置由单一的柴油燃料动力向安全、环保、经济和耐久的"LNG－柴油"双燃料动力方向升级。重点方向包括：江海直达船型、三峡船型、吨位不低于400 总吨的"LNG－柴油"双燃料动力节能环保船型开发建造。

五、主动作为，积极融入国家发展战略

五年来，特色产业基地建设坚持"高起点规划、高标准建设"，围绕国家"一带一路""精准扶贫""特色小镇"等战略顶层设计和部署，坚持"创新驱动"，强化创新要素聚集，大力培育新兴产业新动能，助推区域经济的发展。

（一）加快促进"一带一路"建设

"一带一路"倡议提出三年多以来，特色产业基地纷纷抢抓机遇，通过创新发展新思路、搭建交流平台、引进高端人才等方式，为基地内企业"走出去""引进来""搭上'一带一路'快车道"提供了有力的保障。

案例 18 借力"一带一路"，树立品牌效应
国家火炬景德镇陶瓷新材料及制品特色产业基地响应"一带一路"倡议，组织企业参加国内外展会。

案例 18 借力"一带一路"，树立品牌效应
——国家火炬景德镇陶瓷新材料及制品特色产业基地

如组织澐知味等 20 余家企业参加 4 月 18～20 日第七届中国（北流）国际陶瓷博览会，并协助打造景德镇形象展示馆；组织陶企参加 2017"创意千岛湖"旅游纪念品

设计大赛，并获得一项金奖、两项铜奖以及一项优秀奖。同时，围绕"陶瓷＋"理念，开展评优评选活动，如联合中国工艺美术协会共同主办首届中国陶瓷茶具产品及设计大赛，共推荐真如堂、崔迪器等20余家优秀陶瓷茶具企业、设计师参赛并获得好评；组织16家企业报名参加2017年度景德镇市文化产业评选活动等。

案例19　借力"一带一路"，引进高质量项目

国家火炬茂名高新区石化特色产业基地加快产业国际化发展步伐，参与"一带一路"建设，通过加强与国外企业的合作交流，引进国外若干重大项目，为基地的发展添加新的动力。

案例19　借力"一带一路"，引进高质量项目
——国家火炬茂名高新区石化特色产业基地

抓住"一带一路"建设带来的重大发展机遇，坚定不移实施对外开放战略，突出以项目建设为重点，以中德（茂名）精细化工园为载体，全面拓展与德国、日本、俄罗斯、荷兰等国家的经贸文化交流与合作。组建了茂名市中德投资管理有限公司，搭建合作平台，支持众和公司、新华粤、和亿化工等公司加强与外国公司的项目合作。截至目前，引进了日本阪田油墨等18家企业动工建设，甲醇制烯烃项目、中氢动力项目签约落户，华粤碳九等18个总投资达百亿元的项目正在积极推进。

案例20　借力"一带一路"，推动产业集聚发展

国家火炬徐州高新区安全技术与装备特色产业基地获批国家火炬基地以来，通过开展"一带一路"国际论坛等方式，积极推进安全技术服务业集聚发展。

案例 20　借力"一带一路"，推动产业集聚发展

—— 国家火炬徐州高新区安全技术与装备特色产业基地

　　为进一步加快"一带一路"的发展进程，2017 年国家火炬徐州高新区安全技术与装备特色产业基地（以下简称基地）召开了第七届安全科技产业协同创新推进会和首届"一带一路"安全产业发展国际论坛，成立了中国矿山安全物联网协同创新联盟，组建中徐矿山安全技术成果交易中心。建立安全技术服务型研发机构 13 家，先后引进了微业源、奇点科技等安全产业创新企业，安全技术产业已成为基地第二大主导产业；2017 年基地的安全技术产业领域已趋于成熟并走在了全国的前列，技术服务业必将成为未来基地的发展导向。

案例 21　借力"一带一路"，开拓国际市场

　　国家火炬宝鸡高新区石油钻采装备制造特色产业基地紧抓"一带一路"发展机遇，大力开展国际化金融平台建设，引导资金投入到基地产业发展之中，产品质量大幅提升，远销中东、美国等国外市场。

案例 21　借力"一带一路"，开拓国际市场

—— 国家火炬宝鸡高新区石油钻采装备制造特色产业基地

　　国家火炬宝鸡高新区石油钻采装备制造特色产业基地（以下简称基地）积极响应"一带一路"倡议，通过搭建亚投行、丝路基金、中非基金等投融资平台，大力支持通信、电力、交通、能源等基础设施领域的项目建设；目前基地内石油装备产品已远销中东、欧洲、美洲、非洲、东南亚、澳洲等 60 多个国家和地区；完善了石油装备制造技术研发、技术转移、专业孵化、产权中介等服务链。近年来，受国内市场及全球行业形势影响，石油钻采行业市场受挫，2017 年石油钻采装备产业实现产值 212 亿元，收入 226 亿元，出口创汇 44 亿元。

案例 22　借力"一带一路"，奠定国际化战略

国家火炬桐乡新型纤维特色产业基地龙头企业巨石集团在玻璃配方、大型玻纤池窑和绿色制造三大技术领域，拥有世界一流核心自主知识产权，达到世界领先水平，具有全套技术输出能力，为巨石国际化战略奠定了坚实的基础。

案例 22　借力"一带一路"，奠定国际化战略

——国家火炬桐乡新型纤维特色产业基地

2012 年以来，龙头企业巨石集团积极响应落实国家"走出去"战略和"一带一路"倡议，推动巨石"国际化"发展战略，已经布局埃及和美国。2017 年，埃及三期项目点火，标志着年产 20 万吨基地已全面建成。巨石美国一期年产 8 万吨项目正在建设之中；印度项目正在筹建，计划 2018 年开建。巨石积极发展循环经济，推进绿色制造和智能制造，打造全产业链，践行新型工业化道路，实现结构转型升级，为国家节能减排、生态文明做出贡献。

案例 23　借力"一带一路"，创新发展新平台

国家火炬西安高新区生物医药特色产业基地着力打造西安国际医学城，持续推进、形成服务国家"一带一路"倡议创新发展的新平台。

案例 23　借力"一带一路"，创新发展新平台

——国家火炬西安高新区生物医药特色产业基地

国际医学城由具有国际一流医疗技术与服务的国际医学中心、国际痊愈医学中心、国际健康治理中心、国际生殖医学中心、中医及老年病医院、国际医学院、院士工作站、国际医疗先行区等部分组成，供应全生命周期健康管理和世界医疗服务。打造"一带一路"国际医疗中心，构建国际医学的前沿，打造国际医疗技能的高地，建立医疗系统机制创新示范的基地，建立"一带一路"国际医学科学共同体，将为西安以及"一带一路"沿线国家与地区间国际医学配合、提升百姓医疗健康水平、汇聚优质医疗资源发挥积极的作用。

（二）大力促进民族地区特色产业发展

《国务院关于印发"十三五"促进民族地区和人口较少民族发展规划的通知》（国发〔2016〕79 号）要求：培育壮大特色优势产业。积极发展新能源、新材料、高端装备制造、生物、新一代信息技术、节能环保等战略性新兴产业。支持民族地区国家高新技术产业、火炬特色产业基地建设。民族地区建设国家火炬特色产业基地建设得到高度重视。截至 2017 年，在民族地区共建有国家火炬特色产业基地 14 家，集聚企业 761 家，其中高新技术企业 90 家，国内上市企业 30 家，营业收入超 10 亿元的企业 14 家；工业总产值达到 1402.7 亿元，总收入 1371.0 亿元，实际上缴税费 215.9 亿元。见表 14。

表 14　2013 年和 2017 年民族地区基地发展情况

年份	企业总数（家）	其中高新技术企业数（家）	从业人员数（人）	创新载体（家）	科技服务机构（家）	资金总投入（亿元）	专利授权数（件）	工业总产值（亿元）	总收入（亿元）	上缴税额（亿元）
2013	257	54	208134	62	21	109.2	467	1140.0	1171.8	151.3
2017	761	90	150720	103	108	1053.8	1816	1402.7	1371.0	215.9

案例 24　挖掘民族特色产业，促进经济快速发展

国家火炬石河子高新区葡萄精深加工特色产业基地紧抓国家有利政策及获批火炬基地这一发展契机，依托产业链，加快酿酒葡萄种植、葡萄酒酿造、葡萄保鲜储运、葡萄籽油加工以及酒庄文化传播与旅游风光的产业体系建设，多元化挖掘民族特色产业，进一步促进了经济增长。

案例24　挖掘民族特色产业，促进经济快速发展

——国家火炬石河子高新区葡萄精深加工特色产业基地

作为葡萄种植基地的团场，有着区别于地方的行政体制优势。兵团农业的集团化规模优势为葡萄精深加工产业规避风险和降低交易成本奠定了基础，有效实现葡萄精深加工产业规模经济，降低经营成本，提高竞争力。根据特殊体制，全市采取了创新型建园技术新模式，即快速建园技术。实现"五个一流"，即一流的建园、一流的标准、一流的管理、一流的品质、一流的效益，使定植成活率达到98%以上。在不同的团场，按照市场经济的需求，采取"企业＋团场＋农户"等多种组织形式，逐步形成了规模化经营、标准化建园、专业化管理、集约化生产、统一销售的葡萄种植营销新模式，建成大型综合酿酒葡萄生产核心基地。为打造葡萄精深加工全产业链体系原材料供应环节提供了有力的支撑。

案例25　推进产学研合作，促进民族医药产业发展

国家火炬黔东南州苗侗医药特色产业基地以建设贵州侗乡大健康产业示范区为契机，围绕苗侗医药特色产业发展，针对黔东南州民族医药品种采集、植物调查与鉴定、原料主要营养成分检测分析、成分营养学评价、功效搜索和产品技术分析等进行研发，部分研发项目正处于理化指标参数攻坚阶段，研发一批黔东南民族医药产品和民族特色健康产品。

案例25　推进产学研合作，促进民族医药产业发展

——国家火炬黔东南州苗侗医药特色产业基地

国家火炬黔东南州苗侗医药特色产业基地（以下简称基地）大力开展了"筋骨王巴布膏""风灵凝胶"临床试验，开展太子参中药饮片、中药提取等技术研发。大力推进中药育种育苗—中药材种植—药材初加工—植物提取精深加工—民族药研发制造—

保健品、化妆品、食药两用产品生产—健康养生体验的民族医药产业链培育，显著促进了黔东南州民族医药产业及主导产品发展。2016 年，基地通过"企业＋合作社＋基地＋农户"模式推行农村"三变"改革、"五融五帮"等模式，不断完善健康药食材产业发展与贫困户的利益联结机制，共完成中药材新增种植面积 10.49 万亩，总种植面积达 80.7 万亩。种植面积达万亩的有钩藤、太子参、青钱柳、何首乌、茯苓、天麻、白及 7 个品种。2017 年总产量约 16.87 万吨，总产值 22.19 亿元，带动建档立卡贫困农户 18083 户 68000 人。

（三）科技创新引领特色小镇建设

为适应与引领经济新常态，国家在 2016 年 2 月初提出"加快培育中小城市和特色小城镇"的发展战略。特色小镇一直被视为推进供给侧结构性改革的重要平台，引领中国新型城镇化的特色担当。2017 年的政府工作报告更是首次提及特色小镇，要求"优化区域发展格局，支持中小城市和特色小城镇发展"。全面启动建设一批产业特色鲜明、人文气息浓厚、生态环境优美、兼具旅游与社区功能的特色小镇，是加快区域创新发展的战略选择，也是推进供给侧结构性改革和新型城市化的有效路径，有利于加快高端要素集聚、产业转型升级和历史文化传承，推动经济平稳健康发展和城乡统筹发展。

案例 26　创新平台建设模式，提升小镇创新能力

国家火炬上海枫泾高端智能装备特色产业基地通过开展特色小镇建设，汇聚创新资源，创新平台建设模式，实现小镇快速发展。

案例 26　创新平台建设模式，提升小镇创新能力
——国家火炬上海枫泾高端智能装备特色产业基地

国家火炬上海枫泾高端智能装备特色产业基地（以下简称基地）于 2017 年 12 月 28 日通过科技部复核，基地在金山区与上海建工集团正式签订战略合作框架协议，拉

开了枫泾特色小镇建设的帷幕。小镇的开工意味着上海科创中心建设又添"生力军"，也是枫泾作为首批127个中国特色小镇之一建设的又一力作。小镇中的长三角路演中心项目占地面积约123亩，建筑面积近25000平方米。长三角路演中心定位于产业转型升级的功能性平台，定位于演艺展示、互动交流的沉浸式演出，定位于对外交流、沟通了解的服务型窗口，空间分为三大功能区——路演中心、演艺中心、资讯中心，打造集"众创路演、文创演艺、资讯展示"于一体的功能平台。截至2017年，小镇已陆续举办了科创、农创、文创、三三枫会24场路演活动，约1500人参与，30多个项目参加路演，累计成功对接项目15个。

案例27　优化小镇创新环境，引领模具产业发展

国家火炬黄岩塑料模具特色产业基地通过建设创新智能模具高新技术特色小镇，汇聚创新资源、加强产学研合作等方式，提升科技创新能力，已成为我国模具行业的"领头羊"。

案例27　优化小镇创新环境，引领模具产业发展

——国家火炬黄岩塑料模具特色产业基地

国家火炬黄岩塑料模具特色产业基地创新智能模具高新技术特色小镇，作为模具中小企业集聚地，该区积极发挥科技支撑引领作用，加强小镇内模具研发、设计、检测等创新载体建设。黄岩智能模具小镇被列入浙江省首批7个高新技术特色小镇建设名单，并与华中科技大学国家模具技术重点实验室签约共建李德群院士工作站。截至2017年底，小镇已进驻模塑产业上下游企业61家，由小镇牵头的黄岩·中国模具指数成功在广交会上发布，填补了行业空白，成为我国模具产业发展方向的"风向标"。

（四）特色产业助力地方扶贫攻坚

2013 年 11 月，习近平总书记到湖南湘西考察时首次做出"实事求是、因地制宜、分类指导、精准扶贫"的重要指示。特色产业基地着力培育壮大特色产业，不断增强"造血"功能是开展产业扶贫、落实精准扶贫的重要举措。

案例 28 建立基层组织，开展劳动脱贫

国家火炬黔东南州苗侗民族工艺品特色产业基地通过新建合作社、协会等基层组织，带领当地绣娘实现劳动脱贫。

案例 28 建立基层组织，开展劳动脱贫
——国家火炬黔东南州苗侗民族工艺品特色产业基地

截至 2017 年底，基地共培育企业 400 余家，新建合作社、协会等基层组织 100 余个，各合作社、协会不断壮大，成立分社或分会，如黔东南州阿科里绣娘农民专业合作社分别在台江、黄平、麻江县建立分社，通过开展绣娘技能培训、承接订单，带领绣娘实现劳动脱贫。各企业、合作社探索出"协会＋公司＋基地（锦绣社、锦绣坊）＋绣娘""合作社＋村寨妈妈工坊＋绣娘"等发展模式，带动了包括返乡女农民工、精准扶贫对象在内的 10 万余名绣娘创业就业。其中，最具代表性的从江县斗里镇马安村绣娘韦祖英创办的祖英合作社，带动了本村 30 余户专业从事民族工艺品的生产组织工作，带动全村 150 余户贫困群众实现在家门口创业致富。

案例 29 推进新兴产业发展，提升农民收入

国家火炬济南平阴清洁能源特色产业基地大力发展风能、太阳能、生物质能、工业节能、电气节能装备 5 个领域的清洁能源产业，促进农民增收效果显著。

案例 29　推进新兴产业发展，提升农民收入
——国家火炬济南平阴清洁能源特色产业基地

基地在风能、太阳能、生物质能、工业节能、电气节能装备 5 个领域均有布局，聚集了琦泉热电、玮泉生物质发电、中琦环保、华源锅炉、万瑞炭素、迪生电气、银河电气等一批在同行业具有较强影响力的骨干企业，带动上下游企业 20 余家，推动了全县清洁能源产业的规模化、高新化发展。其中，玮泉生物质发电是国家能源局授予的"全国第一家生物质发电供热示范企业"，总装机为 1 台 130t/h 联合炉排生物质直燃锅炉配 1×30MW 纯凝汽式汽轮发电机组，2017 年发电量 2.25 亿 kWh，供网电量 2.07 亿 kWh，年营业总收入 1.482 亿元，上缴税金 1230 万元，资产总额 3.57 亿元，年消耗生物质燃料 28.28 万吨，增加农民收入 8158 万元。

六、特色引领，促进县域经济稳步增长

产业兴，则县域兴。产业是县域经济发展的主要支撑，而产业发展重在特色。特色产业具有独特的自然资源禀赋、历史文化内涵、产品市场优势等，能够促进县域经济特色化发展，具有较强的市场竞争力和辐射带动力。打造特色产业，必须立足县情，发挥优势，突出特色，走生态化、高端化、规模化、差异化发展之路。正如习近平总书记所强调，"产业发展要有特色，要走出一条人无我有、科学发展、符合自身实际的道路"。

（一）基地特色产业市场占有率稳步增长

特色产业基地大力支持具有地方特色并被作为或将被作为地方支柱产业的产业发展。2017 年，在 325 家基地中，97.2% 的基地特色产业比重达到 50% 以上，比 2013 年增长 23 个百分点。各产业领域的特色产业基地总体都实现了经济的快速增长，其中，149 家基地的主导产业在国内市场的占有率达到了 20%（含）以上。见表 15。

表 15　2017 年特色产业基地重点领域统计

细分产业	基地数量	基地内企业总数	特色产业比重超过50%的基地	主导产业国内市场占有率超过20%的基地	工业总产值（亿元）	上缴税额（亿元）
先进制造与自动化	122	49698	119	60	36600.6	1762.7
新材料	81	23214	79	34	23092.9	1493.2
生物与新医药	45	8336	42	15	9763.6	534.8
电子信息	34	5701	34	7	9186.4	447.4
新能源与节能	19	2207	19	9	3526.2	194.7
资源与环境	8	2940	7	4	2019.6	111.6
航空航天	3	944	3	2	524.1	89.7
其他产业	13	35003	13	6	3533.4	132.5

说明：根据 2017 年 325 家基地作为计数基础。

从表 15 可明显看出，特色产业基地在所涉及的领域中，主导产业的市场占有率有较大优势。

特色产业基地八大领域发展情况

➤　先进制造与自动化领域。特色产业基地共有 122 家，基地内共有企业 49698 家，涉及汽车及轨道车辆相关技术、工业生产过程控制系统、先进制造工艺与装备、高性能智能化仪器仪表、高技术船舶与海洋工程装备设计制造技术等细分领域，实现工业总产值 36600.6 亿元，上缴税额 1762.7 亿元。

➤　新材料领域。特色产业基地共有 81 家，基地内共有企业 23214 家，实现工业总产值 23092.9 亿元，上缴税额 1493.2 亿元。

➤　生物与新医药领域。特色产业基地共有 45 家，基地内共有企业 8336 家，实现工业总产值 9763.6 亿元，上缴税额 534.8 亿元。

➤　电子信息领域。特色产业基地共有 34 家，基地内共有企业 5701 家，实现工业总产值 9186.4 亿元，上缴税额 447.4 亿元。

➤　新能源与节能领域。特色产业基地共有 19 家，基地内共有企业 2207 家，实现工业总产值 3526.2 亿元，上缴税额 194.7 亿元。

> 资源与环境领域。特色产业基地共有 8 家，基地内共有企业 2940 家，实现工业总产值 2019.6 亿元，上缴税额 111.6 亿元。

> 航空航天领域。特色产业基地共有 3 家，基地内共有企业 944 家，实现工业总产值 524.1 亿元，上缴税额 89.7 亿元。

> 其他产业领域。特色产业基地共有 13 家，涉及文创、研发设计、服装设计、羊绒、纺织等产业，基地内共有企业 35003 家，实现工业总产值 3533.4 亿元，上缴税额 132.5 亿元。

在政策上，特色产业基地积极引导符合国家产业政策导向的新兴产业发展。此外，特色产业基地在促进地方主导产业升级中发挥了重要作用，加强产品的升级，推动基地的特色化发展。

案例 30　明晰特色产业发展方向，加大特色产业发展支持力度

国家火炬济南明水重型汽车先进制造特色产业基地通过明晰特色产业发展方向，大力支持特色产业发展，已建成全国知名的重型汽车特色产业基地。

案例 30　明晰特色产业发展方向，加大特色产业发展支持力度
——国家火炬济南明水重型汽车先进制造特色产业基地

国家火炬济南明水重型汽车先进制造特色产业基地（以下简称基地）自批准设立以来，坚持统筹规划、自主创新、突出优势、延伸产业链条的原则，突出创新驱动、集聚发展、产业融合、特色引领主题。目前，基地以"汽车零部件—整车—改装车"为发展方向，以中国重汽集团为龙头，以中集车辆、重汽专用车、重汽动力公司等企业为依托，重点打造重卡、改装车、汽车零部件生产基地，形成汽车零部件、整车、改装车配套产业体系，建设全国知名的重型汽车特色产业基地。

案例31　突出特色引领，加快建设高技术企业

国家火炬扬州江都建材机械装备特色产业基地突出特色引领，动员和引导基地内企业走特色发展之路，持续推进企业开展产学研合作、行业标准制定、高新产品申报等工作，加快建设"专精特新"和"小巨人"企业。

案例31　突出特色引领，加快建设高技术企业
——国家火炬扬州江都建材机械装备特色产业基地

华光双顺、华光双瑞、中意建机骨干企业先后主持或参与制定"预应力钢筋筒混凝土管""预应力钢筒混凝土管用胀圆机"等23个国家行业标准。华光双顺研发生产的智能异形管自动变径滚焊机获扬州市科学技术奖三等奖，2015年上半年公司双激振变幅径向挤压制管关键技术及智能可重构成套装备研发与产业化获江苏省科技成果转化项目1000万元。华光双瑞公司成功研制国内首台套径向挤压制管机，获得江苏省经信委专项扶持。中意建机研发的双筋并绕全自动滚焊机，能够生产直径4M以上的排水管，填补了国内空白，核心区企业生产的芯模振动制管机、PCCP钢管生产线、悬辊离心立式振动排水管生产线，在全国市场占有率分别达到70%、85%和90%以上。国家火炬扬州江都建材机械装备特色产业基地内现有13家国家高新技术企业，企业高新技术产业产值占规模以上工业产值的比重达55%。

（二）基地特色产业高端化发展成效凸显

我国经济发展进入新常态，对地方经济转型发展提出了新的更高要求。加快破解制约经济转型的深层次体制机制障碍和结构性矛盾，走出一条转型升级、创新驱动发展的新路，是发展特色产业基地的重要任务。

案例 32　特色产业优势不断扩大，主导产品市场优势不断凸显

国家火炬浙江衢州空气动力机械特色产业基地围绕基地特色产业和主导产品，引导企业加大技术研发投入，提升主导产品竞争力，巩固市场优势地位，市场占有率居全国前列。

案例 32　特色产业优势不断扩大，主导产品市场优势不断凸显
——国家火炬浙江衢州空气动力机械特色产业基地

国家火炬浙江衢州空气动力机械特色产业基地（以下简称基地）核心区域位于国家级衢州经济技术开发区内，规划面积 3.5 平方千米，作为衢州重点培育和发展的战略性产业之一，空气动力机械产业产品涵盖十大系列 18 大类 1000 多个品种。基地内共有空气动机械主机及协作配套企业 200 余家，其中高新技术企业 16 家，骨干企业 15 家，国内上市企业 2 家。

2017 年，基地内开山集团、衢州学院共建的"浙江省空气动力装备技术重点实验室"经省科技厅批复认定为省级重点实验室。拥有全球最大的气动凿岩机制造企业，全国最大的钻凿设备制造企业和亚洲最大全球第三的空气压缩机制造企业。空气动力和掘进装备制造产业占全国 60% 以上市场，其中空压机市场占有率全国第一，采矿用小型空压机在 90% 以上，气动凿岩机全国市场占有率 70% 以上。空气动力机械产业已成长为衢州市标志性产业，2017 年，基地实现工业总产值 189.1 亿元，占市本级工业总产值的 10.2%，利税总额 8.3 亿元。

案例 33　推动特色产业发展，提升特色产业市场占有率

国家火炬烟台高新区海洋生物与医药特色产业基地沿着产业技术发展方向，围绕产业链部署创新链、围绕创新链完善资金链，加快提升企业创新能力，提高产品的科技含量，提升产业核心竞争力，进一步推动特色产业发展。

案例 33　推动特色产业发展，提升特色产业市场占有率

——国家火炬烟台高新区海洋生物与医药特色产业基地

国家火炬烟台高新区海洋生物与医药特色产业基地（以下简称基地）于 2012 年获科技部批准建设，于 2015 年、2018 年分别参加复核答辩。2017 年基地内企业 74 家，其中高新技术企业 7 家，工业总产值 51.9 亿元，总收入 52.3 亿元，其中产品销售收入51.5 亿元。

基地内率先推行"国际化产学研用战略合作、整合全球资源为我所用"产学研合作机制。积极引进建设科研院所分支机构和企业研发中心，促进生物医药创新资源集聚和自主创新能力提升。先后与中国医学科学院药物研究所国家药物筛选中心、清华大学中药现代化研究中心等国内外知名研究机构建立合作关系，引进建设了中科院上海药物所烟台分所、中国药科大学药物代谢动力学烟台实验室等科研院所；以"烟台市医药与健康产业技术创新战略联盟"（烟台药物所作为龙头单位）内各成员单位的人才、技术等资源优势为依托，发挥烟台大学药学院、滨州医学院药学院等基础研究优势，通过资源整合和强强联合，不断提升药物所的高端制剂和创新药物研发的技术水平，成功培育了一批在市场上具有较高市场占有率和知名度的产品，其中希美纳®是目前唯一的肿瘤放疗增敏化学制剂；绿汀诺®已出口至俄罗斯、越南等国家；肿瘤治疗药物力扑素®是国际上唯一一个已上市的脂质体剂型的紫杉醇，基地核心产品占有率和知名度不断提升。

（三）区域经济发展质量与效益显著提升

通过基地建设，以科技创新推动产业转型升级，不断增强产业和产品的市场竞争力，形成特色主导产业，有效推动区域经济发展。

案例 34　加快带动经济发展

国家火炬济南济阳升降作业装备特色产业基地的升降作业装备产业是济阳县域经济的特色主导产业，已成为引领、带动地方经济发展和加快工业化、城市化进程的重要载体。

案例 34　加快带动经济发展

——国家火炬济南济阳升降作业装备特色产业基地

济阳升降作业装备已在卫星发射、高铁运行、故宫维修、重汽生产和南极科考等建设、科研领域取得广泛应用，并顺利走出国门，远销美国、德国、日本、意大利、法国、南非、土耳其等国家和地区，在国际市场占据一席之地。2017 年底，基地内升降作业装备企业已达 300 余家，从业人员 6200 余人，年度总产值达 50 亿元左右，缴税总额 2.5 亿元左右。

案例 35　区域经济不断增长

国家火炬鲁北海洋科技特色产业基地以"特色引领"为主题，紧密对接京津冀协同发展战略实施，抢抓机遇，加快发展，取得了显著成效，初步形成了以鲁北高新技术开发区为核心，辐射全县周边的基地发展格局。

案例 35　区域经济不断增长

——国家火炬鲁北海洋科技特色产业基地

经过 10 多年的发展，海洋渔业、盐业等传统产业不断优化，已基本形成集海洋捕捞、海水养殖、苗种繁育等于一体的产业格局，全县水产养殖面积达到 82 万亩，水产品产量达到 13.14 万吨，年产原盐能力达 100 万吨。无棣县海洋产业总产值占全县国民生产总值的 35% 以上，已成为无棣县重要的经济增长极。

案例 36　推动县域经济发展

国家火炬银川灵武羊绒特色产业基地产业集聚优势日益凸显，科技创新能力明显增强，经济效益逐年攀升，已成为灵武市最具活力的经济增长点和推动县域经济发展的重要支撑力量。

案例 36　推动县域经济发展
——国家火炬银川灵武羊绒特色产业基地

2017 年，境内年流通原绒 1 万吨左右，约占世界的 50%、全国的 60%，完成工业总产值 21.24 亿元，完成出口交货值 17.7 亿元，累计解决就业 1 万余人。基地主导产业国内市场占有率达 50%，对全市生产总值的贡献达到 5%。国家火炬银川灵武羊绒特色产业基地（以下简称基地）发展走出了一条超常规、跳跃式的发展路子，灵武已成为中国乃至世界重要的羊绒集散地和羊绒制品加工中心，国际羊绒产业基地地位初步确定，享有"世界羊绒看中国、精品羊绒在灵武"的美誉。基地先后被中国纺织工业联合会授予"2015 年度纺织行业创新示范集群""中国纺织行业人才建设示范园区"，2017 年园区入选国家第一批"绿色园区"行列，荣昌绒业获得"绿色工厂"称号。

七、军民融合，推动特色产业迈向中高端

军民融合发展已经上升为国家战略，国防科技工业又一次迎来释放潜能优势，进而实现追赶超越的重大战略机遇。符合条件的基地把军民结合产业作为特色优势产业着力培育，通过加强与各军工集团公司战略合作，搭建基地园区平台，创新体制机制等措施，初步形成了以军带民、以民促军、军民融合的多元化、集群化发展格局，军民深度融合突破性发展，加快了军民融合产业的成长进程，谱写了军民融合产业新篇章。

（一）促进军民融合深度发展

我国经济发展已进入新常态，一些长期积累的体制性障碍、结构性矛盾和政策性问题不断显现，加快军民融合发展，有利于整合利用好军地优势资源，促进经济发展从根本上

实现由要素驱动、投资驱动向创新驱动的转变，为供给侧结构性改革提供有力支撑；有利于推动国防科技工业发挥综合优势和溢出效应，加快国防科技成果转化，加速海洋、太空、网络空间等军民融合新兴领域和新技术、新产业、新业态发展，不断培育经济发展新增长点，打造经济发展新引擎。

案例37 打造军民融合产业高地，推动军民融合产业发展

国家火炬黄岛船舶与海工装备特色产业基地结合古镇口军民融合创新示范区和海西湾船舶基地功能定位和发展方向，重点发展船舶与海工装备产业、信息产业、新材料产业三大产业领域。

案例37 打造军民融合产业高地，推动军民融合产业发展

——国家火炬黄岛船舶与海工装备特色产业基地

产业基地的获批建设，使黄岛区纳入国家火炬计划实施战略重点区域，区内的企业拥有晋升"国字号高企"的新优势，形成以国家政策促进高新产业集聚，以高新产业集聚吸引更多优惠政策倾斜的良性循环，对黄岛区实施海洋战略、率先实现蓝色跨越，打造全国军民融合船舶与海工装备产业高地，建设高水平国家级新区具有重要的推动作用。

案例38 加快产业集聚，助推军民融合产业发展

国家火炬宝鸡高新区钛特色产业基地通过汇聚军民融合骨干企业、关联企业、服务机构等，形成产业集聚效应，进一步促进军民融合产业快速发展。

案例38 加快产业集聚，助推军民融合产业发展

——国家火炬宝鸡高新区钛特色产业基地

国家火炬宝鸡高新区钛特色产业基地瞄准国防尖端科技装备领域的应用，作为军备竞赛的重要战略支撑之一。高新区共有军民融合企业20家（直接参与军品生产），涉及钛及钛合金新材料、汽车及零部件制造、航点导航等行业。军民融合产业规模以上工业总产值超过250亿元，新材料领域已经形成了以宝钛国有企业为龙头，国核锆业、力兴钛业、拓普达、鑫诺、泰华磁机电等企业为骨干，其他民营中小企业配套的军民融合产业集群，产业发展态势良好。

案例39　大力推进军民融合产业发展如火如荼的新局面

国家火炬安顺航空智能制造特色产业基地通过加强招商引资等方式，积极开展军民融合各类项目对接合作，目前累计合作项目达26个，计划总投资额达170亿元左右。

案例39　大力推进军民融合产业发展如火如荼的新局面
——国家火炬安顺航空智能制造特色产业基地

国家火炬安顺航空智能制造特色产业基地（以下简称基地）主要以航空军民融合为主导产业，辅以汽车零部件及装备制造产业。截至目前，基地集聚了各类工业企业120家，从业人数33000余人。其中，高新技术企业8家，规模以上企业49家。基地现有军民融合企业29个，其中工业企业21家、服务业7家、商贸业1家。军民融合在建项目10个，计划总投资75亿元左右，拟建（在谈）项目16个，涉及投资95亿元左右。

（二）打造军民融合创新平台

平台是以建设军民融合共享经济创新创业服务生态系统为核心理念，专注于科技领域军民融合的成果转化、技术转移以及科技创新服务等内容。围绕军民两用技术发展所必需的智库、人才、成果转化等核心要素，谱写军民融合的新篇章。

案例40 发挥平台优势，深耕军民两用技术

国家火炬遵义航天军转民（装备制造）特色产业基地通过建设产业化平台、设立研发中心等方式，加强军民两用核心技术的研究开发，同时在技术孵化、成果转化环节取得了一定的成效。

案例40 发挥平台优势，深耕军民两用技术

——国家火炬遵义航天军转民（装备制造）特色产业基地

国家火炬遵义航天军转民（装备制造）特色产业基地是地方政府与军工集团共同打造的"军民结合的创新—产业化平台"，即发挥军工基地在产业、技术和人才等方面的优势。在当前"军民融合"大形势下，从战略高度重视对军民两用基础技术的掌控，通过设立研发中心、合资合作等途径，掌握信息、电子、新材料、先进制造等军民两用核心技术，建立了军、民品研发共享体系，最大限度发挥军民两用技术对军、民两个产业的支撑力度，在技术孵化、转化环节实现高度共享与互相支撑产品，为地方高技术产业和经济发展做出重要贡献。

案例41 科技创新引领，助推军民融合产业快速腾飞

国家火炬扬中电力电器特色产业基地通过落实创新驱动战略，引进高端科研人才团队，在军民融合新能源接入设备与技术领域取得了重大突破。

案例41 科技创新引领，助推军民融合产业快速腾飞

——国家火炬扬中电力电器特色产业基地

国家火炬扬中电力电器特色产业基地加强与海军工程大学马伟明院士团队在军民融合、新能源接入设备与技术领域的合作，以军为民用、亦军亦民为宗旨。此外，还进一步开展向新能源领域的转化技术研究，突破 1.5～5MW 功率等级风力发电变流装置、10～1000kW 太阳能光伏发电逆变装置、惯性储能系统、新能源发电接入控制和能量管理等关键核心技术，实现工程化应用，形成产业化能力，解决行业"瓶颈"、打破国外垄断，满足国家战略需要，产品已累计形成销售额数亿元。

（三）大力推动科技兴军建设

加快建立军民融合创新体系，下更大力气推动科技兴军，坚持向科技创新要战斗力，为我军建设提供强大科技支撑。着眼全军建设、科学技术在强军征程中的重要作用，吹响科技兴军的时代号角。

案例 42　鼓励推动企业产品广泛应用

国家火炬泸州高新区先进工程机械及关键零部件特色产业基地狠抓军民融合发展。大力推动多家企业建立并运行 GB/T19001 质量管理体系和 GJB9001B 武器装备质量管理体系。

案例 42　鼓励推动企业产品广泛应用
——国家火炬泸州高新区先进工程机械及关键零部件特色产业基地

国家火炬泸州高新区先进工程机械及关键零部件特色产业基地取得武器装备科研生产单位二级保密资格、武器装备第二类装备承制单位资格。鼓励推动企业产品广泛应用于航空航天及军工领域，产品包括高性能液压阀、中高压齿轮泵、特种液压缸和系统解决方案及服务，为某部队配套发射车、运输车的液压油缸近 20 个类型；大中型起重机、抓料机等工程机械应用于航空航天、南海筑岛工程，挖掘机、装载机、推土机等其他工程机械应用于工程兵清除障碍等方面，满足部队在各种特殊场合下的作业要求。

案例 43　共同建立科技市场

国家火炬鞍山激光科技特色产业基地启动"哈工大—智谷"，建设基于哈工大的科技创新资源，以哈工大鞍山研究院为合作平台，政产学研用、军民融合的创新生态系统。

案例 43　共同建立科技市场

——国家火炬鞍山激光科技特色产业基地

已引进高端人才 50 人，聚集创业团队 10 个，依托创业团队创办企业 11 家，其中，星敏感器等产品已应用于卫星、军舰等军工产品。与市科技局和万泓公司共同建设了鞍山科技大市场，面向创业主体提供低成本创新创业服务。

八、狠抓人才战略，增强特色产业发展动力

习近平总书记强调指出："发展是第一要务，人才是第一资源，创新是第一动力。"各地的创新发展、持续发展、领先发展需要有强大的人才保障作为支撑。近年来，各基地紧紧围绕服务高质量发展，大力实施人才强市战略，全面加强人才的引进、培养和使用，努力营造有利于人才创新创业的发展环境，为各基地经济社会发展提供了有力的人才智力支撑，崭新的产业人才高地正不断升起。

从全国各省份基地建设的情况来看，基地在依托特色优势产业建设人才高地、加强人才引进培养体系建设、规范人才管理、加强人才保障、加快创新人才集聚、实施区域特色人才项目、吸收高层次创新人才参与基地发展等多个方面取得了显著的成效。

以 325 家基地发展数据分析，2017 年，特色产业基地从业人员总数为 904.7 万人，其中企业研究开发人员为 94.9 万人，同比 2013 年增长 5.8%，占从业人员总数的 10.5%；拥有大专及以上人才总数为 310.6 万人，同比 2013 年增长 15.4%，占从业人员

总数的 34.3%。数据显示，特色产业基地内博士及硕士数量呈上升态势，硕士人数发展较为迅速。2017 年，基地内博士人数达 2.2 万人，同比 2013 年增长 28.7%，占大专学历总人数的 0.7%；基地内硕士人数达 14.0 万人，同比 2013 年增长 49.1%，占大专学历总人数的 4.5%，基地人才结构持续优化，高学历人才队伍越来越壮大。见表 16。

表 16　2013～2017 年特色产业基地从业人员汇总

年份	2013	2014	2015	2016	2017
企业从业人员总数（万人）	854.8	900.5	898.3	914.3	904.7
企业研究开发人员（万人）	82.3	84.7	88.7	93.8	94.9
大专及以上学历人员（万人）	271.3	282.4	295.4	306.6	310.6
大专及以上学历人员占比（%）	31.7	31.4	32.9	33.5	34.3
硕士学历人员占大专以上人员比例（%）	3.5	3.8	3.9	4.0	4.5
博士学历人员占大专以上人员比例（%）	0.6	0.7	0.7	0.7	0.7

说明：表中统计基础为 2013～2017 年可比数据（325 家基地）。

通过对表 16 的分析，2013～2017 年，基地内从业人员中，企业研究开发人员和拥有大专以上学历从业人员数量每年都处于上涨的态势。2017 年，拥有大专以上学历的从业人员占比总数的三成以上，其中博士、硕士学历的从业人员达到 5.2%，说明高学历人才的培养和优秀人才的引进对基地的建设与发展越来越重要。

基地建设的核心在于人才，各地在推动特色基地建设和发展的过程中，采取了诸多支持人才发展、引进人才等相关政策，培养了适应区域发展的相关人才。

（一）推动科技创新人才加快聚集

各地方积极推进高层次人才聚集，建立产学研合作机制，打造多层次、多元化人才体系，构筑人才发展的立体化环境，培养产业发展所需的专业科技创新人才。各基地坚持培育和引进相结合，建设以高层次科技创新人才为核心、专业技能人才为骨干、经营管理与营销人才为纽带的创新人才体系，为产业持续健康发展提供了强有力的人才支撑。

案例44　高校院所深度合作，培育高层次人才

作为天津"京津冀协同发展"先行区，国家火炬天津东丽节能装备特色产业基地立足自身产业布局、区位优势，积极对接院所优质资源，目前已与中科院电工所、光电院、微电子所、遥感所4家院所，清华大学高端院、汽车系、电子系、精仪系等8大院系合作，以打造中科院北京分院天津创业产业园区、清华大学校地合作基地（天津）为契机，吸引了近20家国家级科研机构及工程中心，科技研发创新中心效应逐步形成，已成为天津高新技术企业和科研机构的聚集地、优秀科技人才的集聚区。

案例44 高校院所深度合作，培育高层次人才
——国家火炬天津东丽节能装备特色产业基地

2017年11月27日，东丽区与中科院北京分院、市科委签署共建"中科院北京分院天津创新产业园"战略合作协议。中科院北京分院天津创新产业园以天津国家自主创新示范区东丽分园建设为契机，依托中科院北京分院科技资源优势，推进促成20家以上中科院系统院所分支机构在基地落地，加速科技创新要素的聚集，努力打造成为京津冀协同发展科技篇的典范和亮丽名片。基地将积极对接中科院研究所及其下属公司，打造院企实验室，加速聚集和培养优秀科技人才，开展学术交流，促进科技成果转化；积极推动北京分院所属相关研究所和天津企业开展多层次、宽领域、全方位的交流与合作，实现互利共赢。同时，基地新增国家知识产权局专利局专利审查协作天津中心博士后工作站分站，并引入2名人才进入工作站。协助天津智能网联汽车产业研究院、中科和光（天津）应用激光技术研究所有限公司申报博士后工作站分站。搭建东丽人才综合服务中心，建立一流服务平台。人才服务中心现已引进北方人才等6家第三方机构，为企业提供知识产权、法律咨询、广告设计、商标代理等服务，积极协调区职能部门入驻平台，进行人才绿卡、政策申报等业务办理。

案例45 加强人才交流培养，推动产学研深度融合

国家火炬姜堰汽车关键零部件特色产业基地领导小组结合省高层次创业创新人才引进、培养工作精神，把"高层次人才引进、培养"工作放在各项工作的首位。基地内骨干企业分别与中科院电工所、上海交通大学、华中科技大学、哈尔滨工业大学等全国30

多家知名的高校院所开展了紧密、有效的产学研合作，全力做优产业、做强载体、做大企业，同时为基地产业发展培育了一批高层次人才。

案例 45　加强人才交流培养，推动产学研深度融合
——国家火炬姜堰汽车关键零部件特色产业基地

国家火炬姜堰汽车关键零部件特色产业基地（以下简称基地）制定了多项政策措施，建立了"个人发展"与"市场绩效"相挂钩的激励机制。在人才培养方面，基地领导小组不惜重金，每年邀请科研院所专家来基地讲学、交流 30 次以上；与哈尔滨工业大学合作开办了电化学工程硕士班，为培养具有国际视野的职业经理人队伍，先后与南京大学、南京理工大学合作成立了工商管理硕士研究生班；每年组织技术精英和管理骨干赴欧美、日本考察研修。在高层次人才引进方面，引进了以中国工程院欧阳平凯院士、杨裕生院士、陈立泉院士、顾国彪院士等著名专家学者为首的高层次人才团队，引进了江苏省双创人才哈尔滨工程大学曹殿学教授、中科院电工所王丽芳研究员等高校院所的专家教授。

基地积极引导基地企业与高校院所合作，共建研发机构。基地内 95% 的企业都与高校院所合作共建了各级各类研发机构，并已成为企业自主创新和实现可持续发展的"新引擎"。基地企业与高校院所合作建有国家级企业技术中心 2 家，省级院士工作站 4 家，省级博士后科研工作站 6 家，省级工程技术研究中心（工程研究中心、企业技术中心）39 家，省级研究生工作站 11 家，市级工程技术研究中心（工程研究中心、企业技术中心）36 家，区级工程技术研究中心（企业技术中心）60 家。基地通过与高校院所共建研发机构，为基地产业发展培育了一批高质量科研人才。

案例 46　构筑创新人才高地，突破科技创新"瓶颈"

国家火炬东莞虎门服装设计与制造特色产业基地支持服装企业引进国内外科技人才和创新技术，助推服装企业长效发展。积极引进创新科研团队，开展各类人才开发服务工

作，协助服装企业引进高层次人才和急需专业人才。同时多次举办服装设计有关赛事，有针对性地培育本地服装后备人才。

案例46 构筑创新人才高地，突破科技创新"瓶颈"
—— 国家火炬东莞虎门服装设计与制造特色产业基地

国家火炬东莞虎门服装设计与制造特色产业基地（以下简称基地）为提高企业的产品设计创新能力，按照"产业设计化、设计产业化、设计人才产业化"的目标要求，大力抓好对产业发展的规划设计，大力引进和培养高端设计人才，建立设计人才大军，构建设计人才洼地，将设计业作为一个产业培育经营，面向虎门乃至国内服装服饰企业提供产品设计。

基地积极培养本地服装后备人才。发挥东莞市纺织服装学校等虎门本地多所服装院校的作用，培育服装专业人才；通过连年举办中国（虎门）国际服装交易会和虎门时装周，举行多项创意设计赛事，包括中国（虎门）时尚微电影大赛、"虎门杯"国际青年设计（女装）大赛、中国（虎门）国际童装网上设计大赛、虎门镇中小学生服装概念设计比赛、中国流行面料入围评审活动等，营造良好的时尚氛围，激发年青一代投身服装行业的热情，培育挖掘优秀创意设计人才。尤其是2017年开始举办虎门镇中小学生服装概念设计比赛等，从小培养学生的创新精神和审美情操，发掘服装设计的后备人才，激发本地学生从事时尚行业的兴趣，反响热烈。

（二）加大产业技术创新人才激励

优化基地人才服务工作，简化人才流动办理手续，同时构建重点创新创业人才激励机制，突出人才激励政策的创新性和配套性。对产业发展急需的各类高层次创新创业人才，加大创业激励力度，此举对于吸引人才、留住人才具有重大而深远的意义。

案例 47 完善更具凝聚力的人才服务机制

产业基地建设的成败，人才是关键。国家火炬昆山高端装备智能制造特色产业基地为了引进人才、留住人才采取了一系列的措施。

案例 47 完善更具凝聚力的人才服务机制

——国家火炬昆山高端装备智能制造特色产业基地

国家火炬昆山高端装备智能制造特色产业基地（以下简称基地）通过强化人才创新创业金融支持和人才知识产权保护，设立双创人才母基金，大力引进天使投资、创业投资、股权投资等机构，完善"小微创业贷""昆科贷""信保贷"等产品运作模式。加大力度保护知识产权，对侵犯知识产权的失信行为纳入社会信用记录，建立失信惩戒机制。探索成立法律服务联盟，为人才提供公益性、专业性的知识产权法律服务。建立创新人才维权援助机制，形成规范化、程序化、法治化的创新环境。除此之外，还有一系列举措，例如，鼓励企业采购专业服务、支持创新产品首购首用、实施人才乐居工程、优化人才子女入学政策、强化人才医疗保障、成立"一站式"人才服务机构等。至 2017 年底，基地累计引进"国家千人计划"8 名，其中自主申报认定 1 名，申报认定"省双创"人才 3 名、"姑苏人才"6 名、"昆山双创人才"25 名，认定省"双创博士"3 名、省科技副总 6 名，省"333 工程"培养对象 2 名，省六大人才高峰 5 人，苏州"海鸥计划"人才 22 名。

案例 48 完善人才招聘培训机制，推进人才服务体系建设

国家火炬天津京滨石油装备特色产业基地在招聘培训和搭建人才服务平台方面具备较大优势。

案例48 完善人才招聘培训机制，推进人才服务体系建设

——国家火炬天津京滨石油装备特色产业基地

　　国家火炬天津京滨石油装备特色产业基地（以下简称基地）现已成功申报天津市人才公寓等待验收。在人才招聘培训方面，基地深化与高等院校、专业技能院校就业指导中心交流，建立供求信息合作渠道，不定期地开展基地人才专场招聘会，并为就业人员提供免费专业技能培训。人才服务体系建设方面，在软件建设中基地现有人才资源网、微信平台、人才求职服务中心，在政策实施中基地积极开展武清区人才奖励补贴和市人才绿卡政策。

案例49 拓宽渠道构建人才洼地，优化企业成长环境

　　国家火炬泉州经开区无线通信特色产业基地出台实施《关于落实人才"港湾计划"创建人才集聚示范区的实施意见》，从创新人才管理体制、健全人才引进机制、搭建人才承载平台、建好各类人才队伍、解决人才后顾之忧五大方面给出解决方案。

案例49 拓宽渠道构建人才洼地，优化企业成长环境

——国家火炬泉州经开区无线通信特色产业基地

　　基地在资金补助、荐才奖励、安居补助、子女入学、进修培训、医疗保健、职称评聘、创业扶持、创新支持、平台补助10个工作生活待遇方面配套一系列优惠政策，支持和鼓励企业引进和培养各类高层次人才，提升硕士及以上学历人才、具有高级职称的专业技术人才、高技能人才比重，并引入第三方人才服务机构，鼓励设立职业技能培训机构，搭建职工职能技能提升服务平台。同时，制定"一条龙"扶持政策，积极创造"拎包入驻"条件，实现高科技人才带上电脑即可在区内"安家创业"，对获得国内外授权的发明专利、各类科技奖和牵头组建大型综合性创新服务平台的企业，给予相应奖励。

（三）拓展招才引智多渠道体系建设

强化基地人才引进，加快培养本土人才，积极引进外部智力，全面增强产业人才智力支撑，不断拓宽人才引进渠道。充分利用合资合作渠道，积极吸引人才到基地创业，不断扩大基地产业的产学研合作与交流，积极寻求与高校、院所建立战略合作联盟。加强政府、企业和高校科研机构的政产学研合作，为企业可持续发展提供支撑，切实解决企业招人难问题。

案例 50　拓宽创新人才培育引进体系

国家火炬惠州智能视听特色产业基地筑聚人才洼地，不断增强发展智力支撑坚持"人才强区"战略，以全面实施"恺旋人才计划"1.0 版和 2.0 版为总抓手，真金白银投入人才工作，致力构建引进、培育、激励、服务"四位一体"的人才体系，为全区实施创新驱动发展战略提供强大智力支撑。

案例 50　拓宽创新人才培育引进体系
——国家火炬惠州智能视听特色产业基地

基地实施顶尖人才（团队）引进工程、"百凤归巢"工程，举办"盼凤还巢"活动，深化"全球招募英才计划"，推行仲恺优秀大学生成长服务计划，全方位、多渠道引进和培育创新人才。目前，全区有博士后科研工作站 5 个，人才总量近 12 万人，高层次人才近 2 万人，国家"千人计划"专家 9 名，创新团队 114 个，领军人物 84 人。人才激励提升创业激情，注重优化拓宽人才激励扶持政策，激发和提升人才创新创业热情。自 2013 年起，坚持每年召开人才与科技工作会议、"技行仲恺"技能竞赛，给予创新创业企业、团队和技能人才激励扶持，5 年来累计投入人才专项资金超过 3 亿元，1400 多家企业的 5000 多名优秀人才获得激励扶持；入选惠州"天鹅惠聚工程"领军人才和科技创新团队总数 39 个，总量稳居全市各县区第一，占"天鹅惠聚工程"入选总数的 51%，各类优秀人才创新创业直接带动产值增加近 300 亿元。

案例51　加大创新人才引进力度

国家火炬太和医药高端制剂特色产业基地坚持把创新摆在经济社会发展全局的核心位置，以提高产业创新能力为核心，着力在"搭建创新平台"上下功夫，在"创新人才引进"上求突破，不断优化创新创业环境，取得了新的发展成果。

案例51　加大创新人才引进力度
——国家火炬太和医药高端制剂特色产业基地

一是以丰厚待遇引进人才。鼓励企业通过采用高薪加股份的方式，差异化引进人才。贝克药业拿出20%股权用于奖励公司药品研发功臣，最高达6~7个百分点。安徽德信佳药业拿出30%股权给予企业研发及高层管理人员，让专家参股，使技术、管理人才都成为企业的主人；分类别给予相应的住房补贴、生活津贴。悦康生物等公司鼓励在职人员到高校继续深造，报销学费。二是以开放合作引进人才。开发区与科大先进技术研究院共建"安徽科太生物医药联合实验室"，是全省唯一一个县级联合实验室，集聚了以肖卫华教授为首的中科大60多名科研人员。与中科院合肥技术创新工程院共建智能医疗器械、生物医药实验室；与四川省中医药科学院共建华东产业技术研究院，目前已确定引入两个新药品种在太和产业化；与济南大学共建新药研究院。华大基因建立"一院一所两中心"。三是以优良环境引进人才。开发区编制了人才规划、金融规划、产业发展规划，制定人才政策，对引进的高新技术人才、高级专门人才的子女在太和择校入学、个税奖励等方面给予照顾。同时在规划编制中，与中国科技大学、安徽省创新研究院、省政府发展研究中心等科研院所和政府机构进行对接，为企业发展出谋划策。

九、优化营商环境，努力打造"双创"升级版

优化营商环境就是解放生产力、提高综合竞争力。近年来，各省级科技行政主管部门及基地所在地政府高度重视通过改善软硬环境、搭建平台、完善政策、发展金融、强化服务，实现产业经济的快速发展。在政府引导、政策支持、人才聚集、资本投入等多方面支持下，基地营商环境持续优化。基地营商环境的优化在推动我国"大众创业、万众创新"的重大战略部署，培育和催生经济社会发展新动力，激发全社会创新创业潜能，推动社会科技进步等方面起着积极的促进作用。

（一）全面推动各类创新平台建设

依托特色产业基地，建立形式多样的创新平台，集聚产业优质创新资源，促进企业的成果转化。

1. 基地研发机构数量保持逐年增长

截至 2017 年，325 家基地共有国家工程技术中心 205 个，同比 2013 年增长了13.3%；国家工程研究中心 132 个，同比 2013 年增长了 18.9%；省级企业技术中心 3450个，同比 2013 年增长了 34.8%；市级企业技术中心 6873 个，同比 2013 年增长了32.5%；企业博士后工作站 968 个，同比 2013 年增长了 34.8%；产品检验检测平台 899个，同比 2013 年增长了 25.2%。2013～2017 年，特色产业基地各研究机构总体呈现积极增长态势。表 17 清晰地表达了特色产业基地在 2013～2017 年研发机构的发展情况。

表 17　2013～2017 年特色产业基地研发机构汇总　　　　单位：个

年份	2013	2014	2015	2016	2017
国家工程技术中心	181	198	205	205	205
国家工程研究中心	111	127	119	123	132
省级企业技术中心	2560	2893	3129	3348	3450
市级企业技术中心	5189	5787	6059	6715	6873

年份	2013	2014	2015	2016	2017
企业博士后工作站	718	820	872	921	968
产品检测检验平台	718	763	804	821	899

说明：表中统计基础为 2013～2017 年可比数据（325 家基地）。

特色产业基地通过政府引导、多元化社会投入的方式，积极支持建立企业技术中心等创新平台，有力地推动了科技成果转化，为基地持续创新发展奠定了坚实基础。

案例52　创建"双创双引"国字号平台，提高企业科研能力

国家火炬江门高新区半导体照明特色产业基地通过创建多家"双创双引"的国字号平台，建立全新的科技创新服务模式，提高企业科研能力。

案例52　创建"双创双引"国字号平台，提高企业科研能力
——国家火炬江门高新区半导体照明特色产业基地

目前，基地已成功创建了珠三角（江门）国家自主创新示范区、全国小微企业创业创新示范城市核心区、国家创新型特色园区、中国江门"侨梦苑"华侨华人创新产业聚集区、全国博士后创新（江门）示范中心和国家知识产权试点示范园区六个国家级平台，"双创双引"的国字号平台建设卓有成效。基地还引入了国家一流的孵化运营管理团队，建立了全新的科技创新服务模式。除此之外，基地已建成省级工程技术研究中心 8 家，市级工程技术研究中心 12 家，科技服务机构 18 个，博士后科研基地、创新实践基地 2 家，基地整体创新能力得以大幅提高。

---

2. 科技创新服务体系逐步完善

依托特色产业基地，推动建立和发展孵化器等公共服务平台，为基地内广大中小企业在技术咨询、分析测试、产品开发、人才培训等方面提供了大量的科技服务。表18 清晰地反映了 325 家特色产业基地在 2013～2017 年服务机构的发展情况。

表18　2013～2017 年特色产业基地服务机构汇总　　　　单位：个

年份	2013	2014	2015	2016	2017
基地内服务机构	4103	4019	3406	3518	3875
其中：科技担保机构	370	419	442	453	461
行业组织	532	476	501	566	582

说明：表中统计基础为 2013～2017 年可比数据（325 家基地）。

通过对表 18 的分析，可以看到，特色产业基地的服务机构数量呈现波动，科技担保机构和行业组织数逐年增长，服务体系逐步完善。2017 年特色产业基地内服务机构 3875 个，同比 2013 年减少了 5.6%，其中科技担保机构 461 个，同比 2013 年增长了 24.6%，年均复合增长率为 5.7%；行业组织 582 个，同比 2013 年增长了 9.4%，年均复合增长率为 2.3%。国家"大众创业、万众创新"政策的推出起到了重要的推动作用。

为充分发挥科技对经济发展的支撑作用，进一步提高国家自主创新能力，各基地积极发展构建科技服务平台。服务平台的建设为基地的发展起到了积极的促进作用，产生了显著的效果。

案例 53　加强公共平台建设，创新企业扶持模式

国家火炬潍坊高新区电声器件特色产业基地通过构建"五位一体"的协同融合创新体系平台，为全市工业设计人才培养和企业创新创业提供了优质的载体。

案例 53　加强公共平台建设，创新企业扶持模式

——国家火炬潍坊高新区电声器件特色产业基地

基地根据产业发展共性需求，建设公共平台，引进大院大所共同运营，搭建设计、研发、检测、验证、质量控制"五位一体"的协同融合创新体系平台，实现资源共享、功能集成、服务集中。其中，与中科院广州电子技术研究院有限公司共建的山东省工

业设计创新服务平台，建设了三维设计中心等 7 个专业实验室，推动企业向规模化、正规化、全产业链服务化的方向发展，成为潍坊市工业设计人才培养和创新创业的优质平台。同时，基地在电声器件产业基地推行科技创新券，普惠式支持中小企业购买创新服务、购置研发设备，激发企业创新活力，助推企业发展。

3. 对服务机构的公共投入保持基本稳定

根据 325 家基地发展数据统计，2013～2017 年用于支撑服务机构的公共投入总计达到 2307.6 亿元，创新环境不断优化，有效地促进了基地企业的可持续发展。见表 19。

表 19　2013～2017 年特色产业基地用于支撑服务机构的公共投入情况　单位：亿元

年份	2013	2014	2015	2016	2017
支撑服务机构的公共投入	519.4	446.2	438.4	441.3	462.3

说明：表中统计基础为 2013～2017 年可比数据（325 家基地）。

（二）产学研合作步伐进一步加快

特色产业基地坚持立足自身优势，集聚创新资源，积极为企业搭建科技合作桥梁，与各相关高校和科研院所建立战略合作关系，建立以骨干企业、重点研发机构及金融、法律等服务机构为核心的产业技术创新发展联盟，努力打通基础研究、应用开发、中试和产业化之间的创新链条。

加强产学研合作，助推企业发展，根据 423 家基地调查问卷数据统计，2017 年产学研合作项目数量在 20 项以内的基地占整个火炬基地数量的 58.2%；产学研合作项目数量在 21～50 项、51～100 项的基地分别占火炬基地数量的 11.8% 和 2.8%；产学研合作项目数量在 100 项以上的基地有 6 家。见图 9。

产学研结合创新是以企业为技术创新主体，充分发挥科研机构和高校的技术创新源头和人才基地优势，引导人才、技术等创新要素向企业集聚，促进科技成果快速转化，从而促进创新创业和企业不断发展。

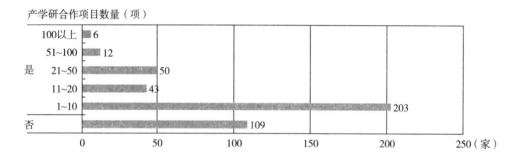

图 9　2017 年基地推动产学研协同创新情况汇总

案例54　加快产学研合作，促进科技成果转化

国家火炬博望高端数控机床及刃模具特色产业基地通过与高校共建研究院，全方位开展产学研及科技成果转化、高端技能人才培训、大学生实训等合作。

案例54　加快产学研合作，促进科技成果转化

——国家火炬博望高端数控机床及刃模具特色产业基地

基地坚持东向发展战略，高端承接科技创新转移，与南京工程学院合作共建马鞍山数控装备研究院，研究中试基地现已建成投入运营。目前，已与马鞍山恒永利机械科技有限公司、安徽华天机械股份有限公司等 10 家基地企业开展了 13 项核心产品产学研及科技成果产业化合作，现已签订 9 项产学研合作协议，2 个项目实现产业化。其中，上海交通大学博望高端数控机床研发中心已签约，正在加快建设工作；与合肥工业大学装备研究院协议达成共识，即将签约，现已与东海机床、中亚机床、中德机床公司开展产学研合作；与清华大学及佛山金刚陶瓷材料研究所合作的陶瓷合金材料研究院也即将建成。

案例55　强化政产学研用技术创新体系，拓展产学研合作网络

国家火炬安庆经开区汽车零部件特色产业基地以集聚创新要素、培育高新产业、提高创新能力为主线，强化企业主体、市场主导、政产学研用合作的技术创新体系，不断提高基地自主创新能力。

案例55　强化政产学研用技术创新体系，拓展产学研合作网络

——国家火炬安庆经开区汽车零部件特色产业基地

基地建立了层次较高、范围较广的产学研合作网络，除与北京科技大学、合肥工业大学、华中科技大学及中国电子集团38所、上海内燃机研究所、合肥通用机械研究院建立了良好的合作关系，还拓展了与上海交大、同济大学、北京理工大学、安徽省工程科技学院、洛阳拖拉机研究所、安徽省机械研究所、安徽省计量所、国检中心站等多所高校院所的技术合作，为基地建设提供了坚实的技术支撑。

（三）促进科技与金融的深度融合

促进科技和金融紧密结合，对于加速科技成果的转化和产业化具有重要意义。抓紧抓好科技金融工作，构建有利于科技金融结合的科技管理体制，健全财政资金与社会资本投向科技产业的联动机制，实施支持科技型中小微企业专项行动，鼓励扶持面向科技型企业的金融创新，大力发展多层次资本市场，是金融服务实体经济、助推经济转型升级的有效途径。据有关数据统计，2017年，当地政府支持产业发展出台金融政策的基地占整个火炬基地数的68.1%，且接近一半的基地都设立了专项资金，支持基地的科技创新，使科技创新成为新常态经济的新引擎。见图10。

案例56　构建"四位一体"科技金融联动机制，优化创新创业金融服务环境

国家火炬武汉高分子及复合材料特色产业基地积极对接各类金融机构，构建"四位一体"的科技金融联动机制，多元化、多渠道、市场化运作开展科技金融工作。

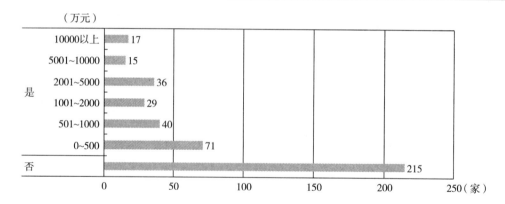

图 10　423 家基地设立科技专项资金情况汇总

案例 56　构建"四位一体"科技金融联动机制，优化创新创业金融服务环境

——国家火炬武汉高分子及复合材料特色产业基地

基地构建了"银行支撑、担保支持、创投优先、财政扶持"的"四位一体"科技金融联动机制。设立了 650 万元的孵化资金；参与市科技担保贷款平台、红土创投、市天使投等市场化平台的运营，形成了由孵化器、创业企业、担保机构、投融资机构、政府机构等组成的多元投资风险分担机制；多方位优化创业金融服务环境。采用"政企联合"的模式，建设了 100 余平方米的科技金融服务中心，提供投融资方案设计、项目对接、信息共享等一体化服务；联合银行设立了"双基联合金融服务工作室"，定期开展政策产品咨询、金融业务受理等服务，通过政府扶持资金、债权融资、股权融资、上市融资等多种方式，构建"科技型企业梯形融资模式"。目前储备的社会投融资机构有 21 家。坚持常年组织创投、天使基金、银行等多种形式的银企对接活动。

案例 57　创新"微型银团 + 政府走访"模式，助推科技金融发展

国家火炬无锡新区生物医药及医疗器械特色产业基地通过"微型银团 + 政府走访"的方式，解决创业者在股权融资过程中融资力度与股权稀释相矛盾等问题，促进企业发展。

案例57　创新"微型银团＋政府走访"模式，助推科技金融发展

——国家火炬无锡新区生物医药及医疗器械特色产业基地

基地借鉴大型规模企业银团贷款的模式，创新性地组织了平安银行、中信银行等银行组成微型银团对基地重点企业授信贷款。同时，无锡高新区（新吴区）财政局联合科创中心加大对全区重点科技企业、重点行业领军企业的走访调研，全力帮助企业解决问题，推进企业业务高速稳定发展，推动企业上市进程。

各级政府为支持基地企业的发展出台了相关的金融政策，分析情况见图11。

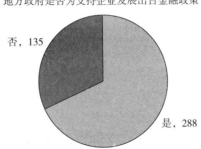

地方政府是否为支持企业发展出台金融政策

否，135

是，288

图11　423家基地为支持企业发展出台金融政策情况

案例58　紧密出台扶持政策，加快创新创业

亳州市出台《支持"三重一创"建设若干政策》，支持亳州市企业自主创新。

案例58　紧密出台扶持政策，加快创新创业

——国家火炬亳州中药特色产业基地

亳州市坚持把科技创新作为促进现代中药产业集聚发展、引领产业转型升级的第一驱动力，出台了支持科技创新"三重一创"扶持政策，加大支持力度，创新能力不断提升。2017 年，全市共申请发明专利 1648 件，其中申请涉药发明专利 690 件，同比增长 10.4%；授权发明专利 275 件，其中授权涉药发明专利 106 件，同此增长 35.9%。基地现已建成现代中药产业国家级检测中心 1 家，高新技术企业 27 家，国家级工程研究中心 2 家，院士工作站 6 家，博士后工作站 5 家；建有省工程研究中心 4 家，省级企业技术中心 16 家，省级工程技术研究中心 10 家，基地整体创新实力显著增强。

（四）完善金融体系助力企业发展

深入推进科技金融合作，促进科研资本、产业资本、金融资本相互融合，对于加速科技成果的转化和产业化具有重要意义。抓紧抓好科技金融工作，构建有利于科技金融结合的科技管理体制，构建覆盖科技创新创业全链条的多层次、多渠道、多元化投融资支撑体系，加大力度探索和引导发展银行、保险、证券及融资租赁、基金等多元化主体广泛参与的科技金融体系，助推产业高端化。

案例 59　加强金融体系建设，打造产业金融服务链体系

国家火炬江阴高新区现代中药配方颗粒特色产业基地搭建起政府引导、市场化运营的实体产业金融服务链，围绕不同类型企业、企业发展过程的各个阶段，引进优秀的基金管理团队，全面布局各类产业基金，全力打造实体产业的金融服务链体系。

案例 59　加强金融体系建设，打造产业金融服务链体系

——国家火炬江阴高新区现代中药配方颗粒特色产业基地

在企业初创期，基地与无锡金投共同成立了规模 5000 万元的天使基金，与中普金融共同成立了规模 1 亿元的中小企业转贷基金，搭建起支持创新型中小企业的股权融资和债权融资体系。在企业快速成长及成熟期，与国内一线机构毅达资本共同成立了

规模30亿元的江阴毅达高新系列产业基金，为优质企业与资本市场全面合作搭建了桥梁。为继续放大江阴板块的优势，成立了规模30亿元的江阴中江基金，形成了企业全生命周期的股权融资体系。

案例60 拓宽企业融资渠道，深化财政科技投入改革

国家火炬重庆渝北汽车摩托车制造及现代服务特色产业基地着力优化创新环境，加大财政资金的投入，同时开展"拨改投""拨改贷"改革。

案例60 拓宽企业融资渠道，深化财政科技投入改革
——国家火炬重庆渝北汽车摩托车制造及现代服务特色产业基地

国家火炬重庆渝北汽车摩托车制造及现代服务特色产业基地加大财政资金的投入，滚动实施了《北汽银翔S3F车型模具研发》《多品种自由切换无人化汽车齿轮生产线》等科技计划与研发类项目500余项。基地同时开展"拨改投""拨改贷"改革，构建科技金融支撑体系。区政府与市科技金融集团共建种子、天使、风险及科技型企业知识价值信用贷款担保基金共计30.73亿元，总计已投放重庆纳鼎光电科技有限公司等企业达38家，投放金额11亿元，解决了基地内企业种子期、成长期、壮大期融资难、融资贵的问题。

案例61 创立发展引导基金，加快推进项目建设

"十三五"期间，梅河口市围绕扶持主导产业发展，相继制定出台了《梅河口市关于加快主导产业发展的实施意见》（梅发〔2017〕2号）、《梅河口市关于加快主导产业发展的实施细则》（梅发〔2017〕45号）、《梅河口市关于投资类重点项目（不含房地产项目）建设期间收费政策扶持的意见》（梅政发〔2017〕11号）等文件，涵盖创新环境、服务体系、科技金融、人才引进、高新技术企业发展等方面的一系列扶持政策。

案例 61 创立发展引导基金，加快推进项目建设
—— 国家火炬梅河口现代中医药特色产业基地

梅河口市委、市政府研究决定，从 2016 年起设立总规模不低于 2 亿元的产业发展引导资金，用于医药产业发展补助和奖励。对达到投资强度的新项目给予投资补助。对投资超过 1000 万元的科技成果转化项目，经认定后给予投资额 5% 的一次性奖励。对引进注册的一类新药或独家品种并实现产业化的，对引进成本给予补助。取得批准文号并落地在梅河口市的给予补助额度的 30%；项目投入建设并完成固定资产投资 80% 的给予补助额度的 30%；项目投产达效后给予补助额度的 40%；引进药品品种落地，享受补助额度的 30%。截至目前，已给付医药企业政策奖励 5 亿元。

在招商方面，基地一手抓现有企业扩能改造，加快推进四环制药、步长制药、金宝药业、恒金药业等企业扩大投资上项目；一手抓外埠企业引进，吸引康美药业、紫鑫药业、修正药业、国药集团等国内 50 强医药企业落户梅河口市发展。目前，占地 1 平方千米的总投资达 30 亿元的紫鑫药业产业园已经开工建设，投资 5 亿元的弘和制药输液生产线扩能改造和恒金药业扩建等项目正在推进。

十、2017 年排名前十基地发展现状

（一）2017 年指标前十位排名

2017 年，441 家基地中总收入位于前 3 位的特色产业基地均位于广东省，分别为国家火炬顺德家用电器特色产业基地、国家火炬惠州智能视听特色产业基地、国家火炬广州花都汽车及零部件特色产业基地，总收入分别达到 2289.3 亿元、1844.3 亿元、1601.8 亿元。2017 年总收入前十名基地名单见表 20。

表 20 2017 年特色产业基地总收入前十名基地名单

序号	所在地	产业基地名称	总收入（亿元）
1	广东	国家火炬顺德家用电器特色产业基地	2289.3
2	广东	国家火炬惠州智能视听特色产业基地	1844.3
3	广东	国家火炬广州花都汽车及零部件特色产业基地	1601.8
4	湖南	国家火炬浏阳生物医药特色产业基地	1186.9
5	江苏	国家火炬南京雨花现代通信软件特色产业基地	1168.7
6	上海	国家火炬上海安亭汽车零部件特色产业基地	1064.5
7	山东	国家火炬东营经开区铜冶炼与铜材深加工特色产业基地	1024.1
8	广东	国家火炬佛山自动化机械及设备特色产业基地	1022.8
9	湖南	国家火炬岳阳精细化工（石油）特色产业基地	1015.2
10	江苏	国家火炬丹阳高性能合金材料特色产业基地	998.5

说明：表中统计基础为 2017 年 441 家基地数据。

2017 年，工业总产值排名前 3 位的特色产业基地分别为国家火炬重庆渝北汽车摩托车制造及现代服务特色产业基地、国家火炬顺德家用电器特色产业基地、国家火炬惠州智能视听特色产业基地，总产值分别达到 3524.0 亿元、2294.2 亿元、1901.5 亿元。2017 年工业总产值前十名基地名单见表 21。

表 21 2017 年特色产业基地工业总产值前十名基地名单

序号	所在地	产业基地名称	工业总产值（亿元）
1	重庆	国家火炬重庆渝北汽车摩托车制造及现代服务特色产业基地	3524.0
2	广东	国家火炬顺德家用电器特色产业基地	2294.2
3	广东	国家火炬惠州智能视听特色产业基地	1901.5
4	广东	国家火炬广州花都汽车及零部件特色产业基地	1622.6
5	湖南	国家火炬浏阳生物医药特色产业基地	1200.2
6	江苏	国家火炬南京雨花现代通信软件特色产业基地	1186.6
7	江苏	国家火炬丹阳高性能合金材料特色产业基地	1078.3
8	广东	国家火炬中山日用电器特色产业基地	1034.7
9	山东	国家火炬东营经开区铜冶炼与铜材深加工特色产业基地	1027.7
10	广东	国家火炬佛山自动化机械及设备特色产业基地	1005.1

说明：表中统计基础为 2017 年 441 家基地数据。

2017 年，上缴税额排名前 3 位的特色产业基地分别为国家火炬顺德家用电器特色产业基地、国家火炬大庆高新区石油化工特色产业基地、国家火炬广州花都汽车及零部件特色产业基地，上缴税额分别为 164.5 亿元、128.9 亿元、114.6 亿元。2017 年上缴税额前十名基地名单见表 22。

表 22 2017 年特色产业基地上缴税额前十名基地名单

序号	所在地	产业基地名称	上缴税额（亿元）
1	广东	国家火炬顺德家用电器特色产业基地	164.5
2	黑龙江	国家火炬大庆高新区石油化工特色产业基地	128.9
3	广东	国家火炬广州花都汽车及零部件特色产业基地	114.6
4	湖南	国家火炬岳阳精细化工（石油）特色产业基地	112.7
5	新疆	国家火炬乌鲁木齐米东石油化工和煤化工特色产业基地	101.4
6	山东	国家火炬东营石油装备特色产业基地	98.5
7	江苏	国家火炬江宁智能电网特色产业基地	93.3
8	江苏	国家火炬常州轨道交通车辆及部件特色产业基地	92.6
9	新疆	国家火炬克拉玛依高新区石油石化特色产业基地	86.2
10	陕西	国家火炬西安阎良航空特色产业基地	85.1

说明：表中统计基础为 2017 年 441 家基地数据。

2017 年，实现净利润排名前 3 位的特色产业基地分别为国家火炬广州花都汽车及零部件特色产业基地、国家火炬南京雨花现代通信软件特色产业基地、国家火炬上海安亭汽车零部件特色产业基地，净利润分别为 128.0 亿元、120.8 亿元、88.3 亿元。2017 年净利润前十名基地名单见表 23。

表 23 2017 年特色产业基地实现净利润前十名基地名单

序号	所在地	产业基地名称	净利润（亿元）
1	广东	国家火炬广州花都汽车及零部件特色产业基地	128.0
2	江苏	国家火炬南京雨花现代通信软件特色产业基地	120.8
3	上海	国家火炬上海安亭汽车零部件特色产业基地	88.3
4	广东	国家火炬佛山自动化机械及设备特色产业基地	87.3
5	山东	国家火炬潍坊滨海海洋化工特色产业基地	86.0
6	广东	国家火炬顺德家用电器特色产业基地	81.3

序号	所在地	产业基地名称	净利润（亿元）
7	山东	国家火炬潍坊高新区动力机械特色产业基地	79.2
8	江苏	国家火炬江阴高新区特钢新材料及其制品特色产业基地	78.4
9	江苏	国家火炬丹阳高性能合金材料特色产业基地	75.8
10	江苏	国家火炬苏州汽车零部件特色产业基地	71.3

说明：表中统计基础为 2017 年 441 家基地数据。

2017 年，出口创汇排名前 3 位的特色产业基地分别为国家火炬惠州智能视听特色产业基地、国家火炬江阴高新区特钢新材料及其制品特色产业基地、国家火炬顺德家用电器特色产业基地，出口创汇额分别为 178.9 亿美元、97.5 亿美元、95.3 亿美元。2017 年出口创汇前十名基地名单见表 24。

表 24 2017 年特色产业基地出口创汇前十名基地名单

序号	所在地	产业基地名称	出口创汇额（亿美元）
1	广东	国家火炬惠州智能视听特色产业基地	178.9
2	江苏	国家火炬江阴高新区特钢新材料及其制品特色产业基地	97.5
3	广东	国家火炬顺德家用电器特色产业基地	95.3
4	广东	国家火炬中山日用电器特色产业基地	50.9
5	江苏	国家火炬泰州医药特色产业基地	31.1
6	江苏	国家火炬如东生命安防用品特色产业基地	29.9
7	广东	国家火炬惠州 LED 特色产业基地	27.0
8	江苏	国家火炬常熟汽车零部件特色产业基地	27.0
9	浙江	国家火炬湖州安吉高端功能座具特色产业基地	26.0
10	江苏	国家火炬南通化工新材料特色产业基地	25.1

说明：表中统计基础为 2017 年 441 家基地数据。

（二）2013～2017 年年均复合增长率前十位排名

经统计，2013～2017 年，325 家特色产业基地中总收入年均增长速度最快的前 3 家基地为国家火炬海安锻压装备特色产业基地、国家火炬武汉阳逻钢结构特色产业基地、国家火炬景德镇陶瓷新材料及制品特色产业基地，年均复合增长率分别为 107.1%、91.9%、75.8%。2013～2017 年 325 家基地总收入增长最快十名基地名单见表 25。

表25　2013~2017 年特色产业基地总收入年均复合增长率前十名基地名单

序号	所在地	产业基地名称	年均复合增长率（%）
1	江苏	国家火炬海安锻压装备特色产业基地	107.1
2	湖北	国家火炬武汉阳逻钢结构特色产业基地	91.9
3	江西	国家火炬景德镇陶瓷新材料及制品特色产业基地	75.8
4	湖北	国家火炬葛店生物技术与新医药特色产业基地	74.9
5	福建	国家火炬福鼎化油器特色产业基地	69.2
6	江苏	国家火炬张家港锂电特色产业基地	68.7
7	河北	国家火炬廊坊大数据特色产业基地	63.8
8	江苏	国家火炬太仓高分子材料特色产业基地	60.3
9	福建	国家火炬南平建瓯笋竹科技特色产业基地	54.8
10	天津	国家火炬天津西青信息安全特色产业基地	46.9

说明：表中统计基础为 2013~2017 年可比数据（325 家基地）。

经统计，2013~2017 年，325 家特色产业基地中工业总产值年均增长速度最快的前 3 家基地为国家火炬景德镇陶瓷新材料及制品特色产业基地、国家火炬济南先进机电与装备制造特色产业基地、国家火炬张家港锂电特色产业基地，年均复合增长率分别为96.6%、73.7%、70.1%。2013~2017 年基地工业总产值增长最快十名基地名单见表26。

表26　2013~2017 年特色产业基地工业总产值年均复合增长率前十名基地名单

序号	所在地	产业基地名称	年均复合增长率（%）
1	江西	国家火炬景德镇陶瓷新材料及制品特色产业基地	96.6
2	山东	国家火炬济南先进机电与装备制造特色产业基地	73.7
3	江苏	国家火炬张家港锂电特色产业基地	70.1
4	河北	国家火炬廊坊大数据特色产业基地	58.6
5	福建	国家火炬南平建瓯笋竹科技特色产业基地	54.5
6	福建	国家火炬泉州经开区无线通信特色产业基地	45.3
7	天津	国家火炬天津西青信息安全特色产业基地	42.9
8	河北	国家火炬保定安国现代中药特色产业基地	37.5
9	湖南	国家火炬株洲荷塘硬质合金特色产业基地	37.3
10	山东	国家火炬诸城汽车及零部件特色产业基地	33.6

说明：表中统计基础为 2013~2017 年可比数据（325 家基地）。

经统计，2013～2017 年 325 家特色产业基地中上缴税额年均增长速度最快的前 3 家基地为国家火炬徐州高新区安全技术与装备特色产业基地、国家火炬海安锻压装备特色产业基地、国家火炬临安电线电缆特色产业基地，年均复合增长率分别为 128.8%、109.8%、109.6%。2013～2017 年 325 家特色产业基地上缴税额增长最快的前十名基地名单见表 27。

表 27　2013～2017 年特色产业基地上缴税额年均复合增长率前十名基地名单

序号	所在地	产业基地名称	年均复合增长率（%）
1	江苏	国家火炬徐州高新区安全技术与装备特色产业基地	128.8
2	江苏	国家火炬海安锻压装备特色产业基地	109.8
3	浙江	国家火炬临安电线电缆特色产业基地	109.6
4	湖北	国家火炬葛店生物技术与新医药特色产业基地	104.0
5	浙江	国家火炬东阳磁性材料特色产业基地	92.7
6	江苏	国家火炬姜堰汽车关键零部件特色产业基地	89.2
7	江苏	国家火炬南京化工新材料特色产业基地	82.4
8	陕西	国家火炬西安阎良航空特色产业基地	75.5
9	黑龙江	国家火炬大庆高新区新型复合材料及制品特色产业基地	71.8
10	湖南	国家火炬岳阳精细化工（石油）特色产业基地	71.8

说明：表中统计基础为 2013～2017 年可比数据（325 家基地）。

经统计，2013～2017 年，325 家特色产业基地中净利润年均增长速度最快的前 3 家基地为国家火炬岳阳精细化工（石油）特色产业基地、国家火炬天津西青信息安全特色产业基地、国家火炬张家港锂电特色产业基地，年均复合增长率分别为 129.9%、109.0%、106.4%。2013～2017 年基地净利润增长最快的前十名基地名单见表 28。

表 28　2013～2017 年特色产业基地净利润年均复合增长率前十名基地名单

序号	所在地	产业基地名称	年均复合增长率（%）
1	湖南	国家火炬岳阳精细化工（石油）特色产业基地	129.9
2	天津	国家火炬天津西青信息安全特色产业基地	109.0
3	江苏	国家火炬张家港锂电特色产业基地	106.4
4	江苏	国家火炬徐州高新区安全技术与装备特色产业基地	105.3
5	江苏	国家火炬南京浦口生物医药特色产业基地	88.4

序号	所在地	产业基地名称	年均复合增长率（%）
6	山东	国家火炬潍坊寿光新型防水材料特色产业基地	84.9
7	江苏	国家火炬姜堰汽车关键零部件特色产业基地	82.5
8	江苏	国家火炬海安锻压装备特色产业基地	80.8
9	江苏	国家火炬如皋输变电装备特色产业基地	64.0
10	江苏	国家火炬江苏昆山机器人特色产业基地	62.6

说明：表中统计基础为 2013～2017 年可比数据（325 家基地）。

经统计，2013～2017 年，325 家特色产业基地中出口创汇额年均增长速度最快的前 3 家基地为国家火炬应城精细化工新材料特色产业基地、国家火炬昆山高端装备制造特色产业基地、国家火炬潍坊寿光新型防水材料特色产业基地，年均复合增长率分别为 140.3%、112.4%、91.3%。2013～2017 年 325 家特色产业基地出口创汇增长最快的前十名基地名单见表 29。

表 29　2013～2017 年特色产业基地出口创汇年均复合增长率前十名基地名单

序号	所在地	产业基地名称	年均复合增长率（%）
1	湖北	国家火炬应城精细化工新材料特色产业基地	140.3
2	江苏	国家火炬昆山高端装备制造产业基地	112.4
3	山东	国家火炬潍坊寿光新型防水材料特色产业基地	91.3
4	河南	国家火炬濮阳生物化工特色产业基地	86.3
5	江苏	国家火炬如皋输变电装备特色产业基地	85.9
6	河北	国家火炬承德仪器仪表特色产业基地	78.1
7	安徽	国家火炬芜湖高新区节能与新能源汽车特色产业基地	76.9
8	湖北	国家火炬谷城节能与环保特色产业基地	75.6
9	山东	国家火炬济宁生物制药与中成药特色产业基地	73.5
10	江苏	国家火炬张家港锂电特色产业基地	71.5

说明：表中统计基础为 2013～2017 年可比数据（325 家基地）。

经统计，2013～2017 年，325 家特色产业基地中企业总数年均增长速度最快的前 3 家基地为国家火炬济南新型功能材料特色产业基地、国家火炬武清新金属材料特色产业基地、国家火炬天津东丽节能装备特色产业基地，年均复合增长率分别为 126.6%、

95.3%、74.0%。2013~2017年基地企业数增长最快的前十名基地名单见表30。

表30　2013~2017年特色产业基地企业总数年均复合增长率前十名基地名单

序号	所在地	产业基地名称	年均复合增长率（%）
1	山东	国家火炬济南新型功能材料特色产业基地	126.6
2	天津	国家火炬武清新金属材料特色产业基地	95.3
3	天津	国家火炬天津东丽节能装备特色产业基地	74.0
4	湖北	国家火炬十堰汽车关键零部件特色产业基地	59.0
5	江苏	国家火炬泰州海陵光伏与储能新能源特色产业基地	57.2
6	山西	国家火炬迎泽高端包装装备及材料特色产业基地	55.8
7	福建	国家火炬泉州经开区无线通信特色产业基地	49.5
8	湖北	国家火炬谷城节能与环保特色产业基地	49.5
9	天津	国家火炬天津西青信息安全特色产业基地	47.5
10	江苏	国家火炬汾湖超高速节能电梯特色产业基地	42.4

说明：表中统计基础为2013~2017年可比数据（325家基地）。

第三部分　县域基地发展

县域经济是国民经济的重要基础，提升经济发展质量效益，改革优化供给侧结构，构筑创新发展长远优势，活力在县域。特色产业具有较强的市场竞争力和产业带动能力，最能体现出县域的经济特色，是县域经济的重要依托。实践表明，特色产业基地建设是扶植县域重点产业和加快县域经济发展的重要平台。当前我国处于经济结构转型升级、新旧动能接续转换、扩大就业、经济提质增效、保持"双中高"的发展新常态，基础在县域，活力在县域，难点也在县域。"创新火炬"是融通县域科技经济、打通科技创新与经济社会发展"最后一公里"通道的重要品牌。

2017年441家特色产业基地中有317家是区县基地，占基地总数的71.9%。据2013～2017年连续上报的325家特色产业基地统计，其中有226家基地属于区县基地，占连续5年上报基地总数的69.5%。统计数据显示，区县特色产业基地发展状况良好。火炬特色产业基地作为一面旗帜，将"创新火炬"品牌牢牢根植于基层，成为推动县市科技工作与经济发展深度融合的抓手。

一、县域基地的区域分布情况

区县基地主要集中在东部地区。按东部、中部、西部和东北地区分布，基地主要集中在东部地区。截至2017年，东部地区已有238家基地，占到基地总量的75.1%；中部地区基地数量 42 家，占基地总数的 13.2%；西部地区基地数量为 20 家，占基地总数的 6.3%；东北地区基地数量为 17 家，占基地总数的 5.4%。见表 31、表 32、表 33、表 34、图 12。

表 31　县域特色产业基地在东部地区各省市的分布情况汇总　　　　单位：家

省（自治区、直辖市、计划单列市）	基地数量	省（自治区、直辖市、计划单列市）	基地数量
江苏	104	福建	6
山东	56	天津	1
浙江	37	宁波	1
广东	21	厦门	1
河北	10	青岛	1
小计	228	小计	10
合计：238			

表 32　县域特色产业基地在中部地区各省市的分布情况汇总　　　　单位：家

省（自治区、直辖市、计划单列市）	基地数量	省（自治区、直辖市、计划单列市）	基地数量
安徽	11	湖北	7
河南	9	湖南	6
山西	7	江西	2
小计	27	小计	15
合计：42			

表 33　县域特色产业基地在西部地区各省市的分布情况汇总　　　　单位：家

省（自治区、直辖市、计划单列市）	基地数量	省（自治区、直辖市、计划单列市）	基地数量
陕西	6	新疆	2
四川	3	贵州	1
内蒙古	2	甘肃	1
云南	2	新疆兵团	1
宁夏	2		
小计	15	小计	5
合计：20			

表34　县域特色产业基地在东北地区各省市的分布情况汇总　　　　　　　单位：家

省（自治区、直辖市、计划单列市）	基地数量	省（自治区、直辖市、计划单列市）	基地数量
辽宁	8	黑龙江	3
吉林	3	大连	3
小计	11	小计	6
合计：17			

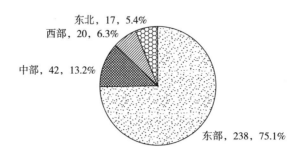

图12　全国317家县域基地在全国的分布情况

　　东、中、西部差距仍较明显。通过区县基地数量对比，基地建设集中分布在东部沿海城市，各省市基地数量差距仍较明显。基地数量排名前三的江苏、山东、浙江三省的基地数量分别为104家、56家、37家，分别占基地总数的32.8%、17.7%、11.7%。中部地区除江西外，安徽、河南、山西、湖北、湖南各省均超过6家；西部地区陕西基地数量达到6家；东北地区仅有辽宁超过5家。见表35。

表35　317家县域特色产业基地在全国各省市的分布情况汇总　　　　　　　单位：家

省（自治区、直辖市、计划单列市）	基地数量	省（自治区、直辖市、计划单列市）	基地数量
江苏	104	四川	3
山东	56	大连	3
浙江	37	内蒙古	2
广东	21	江西	2
安徽	11	云南	2
河北	10	宁夏	2
河南	9	新疆	2
辽宁	8	天津	1
山西	7	宁波	1

省（自治区、直辖市、计划单列市）	基地数量	省（自治区、直辖市、计划单列市）	基地数量
湖北	7	厦门	1
福建	6	青岛	1
湖南	6	贵州	1
陕西	6	甘肃	1
吉林	3	新疆兵团	1
黑龙江	3		
小计	294	小计	23
合计：317			

省市基地建设数量仍存在差距。截至 2017 年底，江苏省特色产业基地几乎是位居第二名的山东省的近 2 倍，是位居第三名的浙江省的近 3 倍。江苏省特色产业基地的数量比第二名、第三名的总和还多。图 13 清晰地表现了特色产业基地在各省市的分布排序情况。

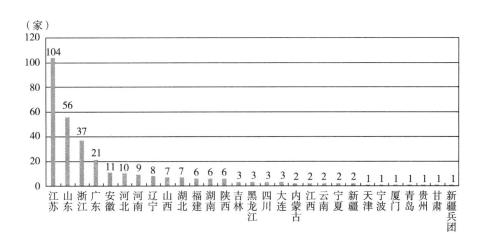

图 13　317 家县域基地在全国各省份分布

从分布范围看，特色产业基地的分布与经济发展基础密切相关，各区域的经济发展状况有所差别，特色产业基地的发展情况也就有所不同。从东部、中部、西部的分布来看，东部地区的特色产业基地分布比较密集，基地总数是中部、西部以及东北地区基地总数的 3 倍多。

东部地区基地企业数量及发展总量远高于中部、西部和东北地区。2017 年，特色产业基地内企业总数为 123889 家，东部地区有 107341 家，占到基地总数的 86.6%，其中高新技术企业 6930 家，国内上市企业 606 家，境外上市企业 118 家，营业收入超 10 亿元企业有 1014 家，技术开发和技术服务型企业 2583 家，分别占总数的 78.2%、72.1%、86.8%、74.5% 和 68.0%。见表 36。

表 36　2017 年 317 家区县特色产业基地企业分布情况　　　　　　　　单位：家

企业分布	东部	东部占比（%）	中部	中部占比（%）	西部	西部占比（%）	东北	东北占比（%）	合计
基地内企业数	107341	86.6	11383	9.2	3521	2.8	1644	1.3	123889
其中：高新技术企业	6930	78.2	1337	15.1	354	4.0	236	2.7	8857
国内上市企业	606	72.1	116	13.8	82	9.8	37	4.4	841
境外上市企业	118	86.8	8	5.9	3	2.2	7	5.1	136
营业收入超 10 亿元企业	1014	74.5	280	20.6	39	2.9	28	2.1	1361
技术开发和技术服务型企业	2583	68.0	604	15.9	491	12.9	118	3.1	3796

2017 年特色产业基地的经济发展情况总体良好，但经济总量仍存在较大差距。对 2017 年 317 家县域特色产业基地经济指标统计显示，东部、中部、西部及东北地区工业总产值分别为 59310.4 亿元、10602.7 亿元、3163.9 亿元和 2179.3 亿元，分别为特色产业基地工业总产值的 78.8%、14.1%、4.2% 和 2.9%，东部地区特色产业基地经济发展总量明显高于中部、西部及东北地区。见表 37。

表 37　2017 年 317 家区县特色产业基地经济发展指标

经济发展指标	东部	东部占比（%）	中部	中部占比（%）	西部	西部占比（%）	东北	东北占比（%）	合计
工业总产值（亿元）	59310.4	78.8	10602.7	14.1	3163.9	4.2	2179.3	2.9	75256.2
其中：骨干企业产值（亿元）	34813.4	78.0	5909.9	13.2	2224.9	5.0	1700.2	3.8	44648.3
总收入（亿元）	60223.8	79.6	10321.5	13.6	2990.1	4.0	2134.9	2.8	75670.2
技术性收入（亿元）	1163.5	78.0	202.2	13.5	71.7	4.8	55.1	3.7	1492.6
出口总额（亿美元）	1333.4	14.0	51.2	0.5	18.1	0.2	8.0	0.1	1410.7
上缴税额（亿元）	3112.4	74.6	470.6	11.3	366.6	8.8	224.7	5.4	4174.2
净利润（亿元）	3915.5	82.6	539.5	11.4	114.2	2.4	173.8	3.7	4743.1

二、县域基地发展基本情况

（1）工业总产值。2013~2017 年，226 家基地工业总产值由 2013 年的 54978.4 亿元增长至 2017 年的 59720.3 亿元，占 325 家基地工业总产值的比例略有下降，平均在 69% 左右。工业总产值年均复合增速为 2.1%，比 325 家基地年均复合增速 3.2% 低 1.1%。见表 38。

表 38　2013~2017 年区县特色产业基地实现工业总产值情况

	2013 年	2014 年	2015 年	2016 年	2017 年	年均复合增速（%）
325 家基地工业总产值（亿元）	77902.2	81148.8	83919.0	88132.4	88246.7	3.2
226 家区县基地工业总产值（亿元）	54978.4	57141.4	58387.3	60267.2	59720.3	2.1
区县基地占比（%）	70.6	70.4	69.6	68.4	67.7	—

说明：表中统计基础为 2013~2017 年连续上报的 325 家基地的可比数据，其中 226 家为区县基地。

（2）总收入。2013~2017 年，226 家区县基地总收入由 2013 年的 52193.6 亿元增长至 2017 年的 59344.1 亿元，占 325 家基地总收入的比例略有下降，由 71.3% 下降至 69.2%。总收入平均复合增速为 3.3%，比 325 家基地平均增速低 0.7 个百分点。见表 39。

表 39　2013~2017 年区县特色产业基地实现总收入情况

	2013 年	2014 年	2015 年	2016 年	2017 年	年均复合增速（%）
325 家基地总收入（亿元）	73212.9	78855.7	81550.9	85191.2	85727.7	4.0
226 家区县基地总收入（亿元）	52193.6	56608.2	58532.2	59636.2	59344.1	3.3
区县基地占比（%）	71.3	71.8	71.8	70.0	69.2	—

说明：表中统计基础为 2013~2017 年连续上报的 325 家基地的可比数据，其中 226 家为区县基地。

（3）净利润。2013 ~ 2017 年，226 家基地净利润由 2013 年的 3852.6 亿元下降至 2017 年的 3686.8 亿元，占 325 家基地净利润的比例基本在 70% ~ 72% 浮动。净利润年均复合增速为 − 1.1%，比 325 家基地年均复合增速低 0.7 个百分点。见表 40。

表 40　2013 ~ 2017 年区县特色产业基地净利润情况

	2013 年	2014 年	2015 年	2016 年	2017 年	年均复合增速（%）
325 家基地净利润（亿元）	5318.7	5360.1	5428.2	5482.9	5239.4	− 0.4
226 家区县基地净利润（亿元）	3852.6	3774.3	3922.0	3982.8	3686.8	− 1.1
区县基地占比（%）	72.4	70.4	72.3	72.6	70.4	—

说明：表中统计基础为 2013 ~ 2017 年连续上报的 325 家基地的可比数据，其中 226 家为区县基地。

（4）上缴税额。2013 ~ 2017 年，226 家基地上缴税额由 2013 年的 3016.1 亿元增长至 2017 年的 3277.5 亿元，占 325 家基地上交税额的比例有所波动，由 71.5% 下降至 68.8%，降低了 2.7%。上缴税额年均复合增速为 2.1%，比 325 家基地年均复合增速低 1.0 个百分点。见表 41。

表 41　2013 ~ 2017 年区县特色产业基地上缴税额情况

	2013 年	2014 年	2015 年	2016 年	2017 年	年均复合增速（%）
325 家基地上缴税额（亿元）	4220.1	4610.6	4414.7	4741.2	4766.5	3.1
226 家区县基地上缴税额（亿元）	3016.1	3353.5	3196.7	3468.3	3277.5	2.1
区县基地占比（%）	71.5	72.7	72.4	73.2	68.8	—

说明：表中统计基础为 2013 ~ 2017 年连续上报的 325 家基地的可比数据，其中 226 家为区县基地。

（5）出口创汇。2013 ~ 2017 年，226 家基地出口创汇额由 2013 年的 1115.6 亿美元下降至 2017 年的 1027.1 亿美元，减少了 7.9%，年均复合增速为 − 2.0%，比 325 家基地年均复合增速低 0.3 个百分点；所占 325 家基地出口创汇额的比例由 77.9% 降至 77.0%，下降了 0.9%。见表 42。主要由于宏观经济下行，国内人才成本的持续上涨、物流成本的大幅度增加以及出口成本不断增加等诸多因素影响。

表42 2013～2017年区县特色产业基地出口创汇情况

	2013年	2014年	2015年	2016年	2017年	年均复合增速（%）
325家基地出口创汇（亿美元）	1432.2	1535.4	1524.7	1360.0	1334.7	-1.7
226家区县基地出口创汇（亿美元）	1115.6	1166.4	1163.7	1029.4	1027.1	-2.0
区县基地占比（%）	77.9	76.0	76.3	75.7	77.0	—

说明：表中统计基础为2013～2017年连续上报的325家基地的数据，其中226家为区县基地。

三、成为区县经济转型升级的新动能

近年来，特色产业基地在引导地方发展高新技术产业、培育区域经济发展新动能、完善和延伸特色产业发展全链条、促进产业结构优化升级等方面的成效已显现。实践表明，特色产业基地建设是扶植县域重点产业和加快县域经济发展的重要平台。

（一）区县基地总体发展情况

1. 推动区县经济总量保持平稳增长

2017年，全国范围内区县特色产业基地发展到317家。根据火炬统计数据（下同），基地实现工业总产值75256.2亿元，占全国特色产业基地的70.7%；基地实现总收入75670.2亿元，占全国特色产业基地的72.3%；实现净利润4743.1亿元，占全国特色产业基地的72.8%；出口创汇1410.7亿美元，占全国特色产业基地的80.5%。数据显示，在特色产业基地经济总量平稳增长的过程中，区县经济发挥了重要的作用。

2. 五年来，区县基地发展趋势良好

随着特色产业基地数量和经济总量的快速增长，特色产业基地在地方经济发展中的引领作用日益突出，成为区县特色优势产业集聚的重要载体以及推动区县经济增长的重要引擎。据五年连续上报的可比数据分析显示，2017年226家区县特色产业基地实现工业总产值59720.3亿元、总收入59344.1亿元、出口创汇额1027.1亿美元、上缴税额3277.5亿元、净利润3686.8亿元，比2013年分别增加8.6%、3.7%、-7.9%、8.7%、-4.3%，总收入、上缴税额增幅较大。

3. 产业分布

（1）区县基地在重点领域的分布。截至 2017 年底，317 家基地中，先进制造与自动化基地 120 家，占基地总量的 37.9%；新材料基地 76 家，占基地总量的 24.0%；生物与新医药基地 49 家，占基地总量的 15.5%。先进制造与自动化、新材料及生物与新医药基地数量占比特色产业基地总量的 77.4%，区县特色产业基地中近八成的主导产业集中在这三大领域。各领域分布情况可见图 14。

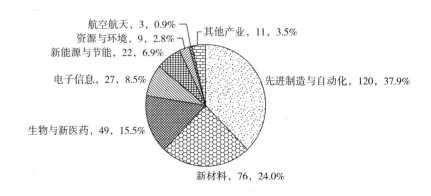

图 14　区县基地在产业重点分布领域情况

（2）基地企业在重点领域的分布。2017 年，317 家特色产业基地入驻企业共 123889 家，其业务领域分别属于或服务于五个重点领域，其中先进制造与自动化领域 45214 家、生物与新医药 16468 家、新材料 14315 家、资源与环境 10245 家、电子信息 7132 家，分别占基地企业数的 36.5%、13.3%、11.6%、8.3%、5.8%。具体企业类型见表 43。

表 43　317 家区县特色产业基地重点领域各类企业分布情况　　　　　　单位：家

各类企业分布	先进制造与自动化	新材料	生物与新医药	电子信息	新能源与节能	资源与环境	航空航天	其他产业	合计
基地内企业数	45214	14315	16468	7132	2447	10245	932	27136	123889
各领域基地企业数占比（%）	36.5	11.6	13.3	5.8	2.0	8.3	0.8	21.9	100
其中：高新技术企业	3502	1939	1086	1030	669	239	60	332	8857
国内上市企业	229	226	175	84	71	30	6	20	841
境外上市企业	21	24	34	33	8	6	0	10	136
营业收入超 10 亿元企业	560	370	144	129	84	34	5	35	1361
技术开发和技术服务型企业	991	379	932	1041	176	80	102	95	3796

2017 年，317 家区县特色产业基地中，先进制造与自动化领域工业总产值 24755.7 亿元、新材料 21654.4 亿元、生物与新医药 9499.6 亿元、电子信息 8771.2 亿元、新能源与节能 4295.6 亿元。具体重点领域经济发展情况见表 44。

表 44 2017 年 317 家区县特色产业基地重点领域经济发展指标

产业领域	先进制造与自动化	新材料	生物与新医药	电子信息	新能源与节能	资源与环境	航空航天	其他产业	合计
工业总产值（亿元）	24755.7	21654.4	9499.6	8771.2	4295.6	2413.9	562.0	3303.8	75256.2
各领域工业总产值占比（%）	32.9	28.8	12.6	11.7	5.7	3.2	0.7	4.4	100.0
其中：骨干企业产值（亿元）	13694.6	12362.7	5428.1	6465.8	3078.6	1191.5	133.6	2293.4	44648.3
总收入（亿元）	24540.3	22017.8	9783.4	8984.4	4215.7	2374.4	408.3	3346.0	75670.2
技术性收入（亿元）	484.9	321.1	247.2	338.7	46.1	46.6	0.5	7.5	1492.6
出口总额（亿美元）	393.3	362.8	107.7	402.7	47.9	20.2	1.2	74.8	1410.7
上缴税额（亿元）	1192.2	1408.4	490.2	516.0	224.0	124.1	98.0	121.4	4174.2
净利润（亿元）	1525.4	1379.4	698.4	518.5	214.6	173.5	21.4	211.8	4743.1

（二）区县基地建设推动企业聚集

1. 区县基地内企业加快聚集

统计数据显示，2017 年 317 家区县特色产业基地内共集聚 123889 家企业，其中高新技术企业 8857 家，国内上市企业 841 家，境外上市企业 136 家。

2. 形成大中小企业协同发展的局面

特色产业基地充分发挥龙头带动作用，依托骨干企业，促进上下游企业加快集聚，形成了骨干企业"顶天立地"、中小企业"铺天盖地"的蓬勃发展态势。2017 年数据显示，226 家基地内的企业数为 92515 家，其中，高新技术企业 7203 家，国内上市企业 618 家，境外上市企业数 127 家。数据显示，2017 年基地企业数量有 6.4% 的增幅，基地企业创新能力和质量有了较大的提高，例如，基地内高新技术企业数和上市企业数分别比 2013 年增加 46.0%、100.3%。见表 45。

表 45　2013～2017 年 226 家区县特色产业基地企业汇总　　　单位：家

年份	2013	2014	2015	2016	2017
企业总数	73040	80045	80859	86985	92515
其中：高新技术企业	4935	5173	5638	6271	7203
国内上市企业	286	328	477	550	618
境外上市企业	86	101	127	127	127

说明：表中统计基础为 2013～2017 年连续上报的 325 家基地的可比数据，其中 226 家为区县基地。

（三）推动区县科技服务能力及平台建设

1. 区县科技服务能力得以提升

2017 年，317 家基地内共有从业人员 879.6 万人，占 441 家基地从业人员总数的 76.2%，其中大专学历以上人员 267.3 万人。在这部分人员中，有博士 17036 人，硕士 90712 人。共有国家工程技术中心和国家工程研究中心 311 个，省级企业技术中心 2979 个，市级企业技术中心 6755 个，企业博士后工作站 811 个；拥有服务机构 3318 家，其中国家级孵化器 297 家，国家级生产力促进中心 70 个。有效地促进了基地科技创新和科技成果转化工作，特色产业基地已成为推动区域创新创业的重要载体。

2. 营造有利于产业发展的创新环境

特色产业基地积极营造良好的创新创业环境，加速推动科技创新创业，支撑特色产业转型升级。截至 2017 年，226 家基地共有国家工程技术中心 140 个；国家工程研究中心 86 个；省级企业技术中心 2370 个；市级企业技术中心 5523 个；企业博士后工作站 696 个；产品检验检测平台 598 个，分别比 2013 年增长了 34.6%、26.5%、39.0%、34.9%、38.4%、38.7%。基地内服务机构 2353 个，比 2013 年减少了 6.8%，其中国家级孵化器 219 个，国家级生产力促进中心 59 个，国家技术转移机构 82 个，科技担保机构 342 个，比 2013 年增长了 30.5%，行业组织 401 个，比 2013 年增长了 22.6%。增幅比较大的是省级企业技术中心、产品检验检测平台、企业博士后工作站、市级企业技术中心和国家工程技术中心。数据显示，特色产业基地创新创业环境进一步优化，见表 46、表 47、表 48。

表46 2013~2017年226家区县特色产业基地研发机构汇总　单位：个

年份	2013	2014	2015	2016	2017
国家工程技术中心	104	128	133	134	140
国家工程研究中心	68	66	82	82	86
省级企业技术中心	1705	1924	2133	2291	2370
市级企业技术中心	4094	4561	4801	5388	5523
企业博士后工作站	503	575	613	661	696
产品检测检验平台	431	473	516	527	598

说明：表中统计基础为2013~2017年连续上报的325家基地的可比数据，其中226家为区县基地。

表47 2013~2017年226家区县特色产业基地服务机构汇总　单位：个

年份	2013	2014	2015	2016	2017
基地内服务机构	2525	2748	2028	2161	2353
其中：科技担保机构	262	283	312	328	342
行业组织	327	341	355	386	401

说明：表中统计基础为2013~2017年连续上报的325家基地的可比数据，其中226家为区县基地。

表48 2016~2017年226家区县特色产业基地国家级服务机构情况　单位：个

年份	国家级孵化器	国家级生产力促进中心	国家技术转移机构
2016	187	55	70
2017	219	59	82

说明：表中统计基础为2013~2017年连续上报的325家基地的可比数据，其中226家为区县基地。

（四）促进区县提升自主创新能力

1. 加快各类创新资源的聚集

特色产业基地的建设有效集聚了各类创新资源，不断激发企业创新热情，提高了企业自主创新能力。2017年，317家县域基地内企业的研发总投入为1888.1亿元，占441家基地研发总投入的67.4%；申请国内专利241508件，其中申请发明专利65021件，实用新型专利 106546 件，分别占 441 家基地专利申请数的 71.1% 、68.1% 、70.5% ；企业获得专利授权 131922 件，其中发明专利授权 18778 件；申请国外专利 1851 件；取得软件著作权登记数 6847 件。2017 年，317 家区县基地共获得 822 项国家级科技项目立项支持，其中国家科技重大专项 156 项。详细情况见表 49。

表 49　317 家区县基地申请专利及专利授权情况　　　　　　　单位：件

	317 家区县基地	441 家基地	317 家基地知识产权占比（%）
申请国内专利	241508	339870	71.1
其中：发明专利	65021	95498	68.1
实用新型专利	106546	151103	70.5
申请国外专利	1851	2501	74.0
软件著作权登记	6847	13706	50.0
专利授权	131922	178758	73.8
其中：发明专利授权	18778	29551	63.5

2. 提升了企业技术创新能力

特色产业基地不断积聚创新要素，支持、引导和促进企业成为技术创新的主体。2017 年，226 家特色产业基地内企业承担的国家级科技项目 638 项，其中国家科技重大专项 104 项；企业研发投入约占企业总收入的 2.5% 。基地整体创新能力不断增强，2017 年，基地国内专利申请数达到 20.0 万件，其中发明专利 5.4 万件，实用新型专利 8.5 万件；国外专利申请数达 1483 件；软件著作权登记 4667 件；当年专利授权数达 11.0 万件，其中发明专利授权数 1.6 万件，比 2013 年均有较大的增幅，分别增长了 20.0% 和 82.0% 。见表 50、表 51。

表 50　2013~2017 年 226 家区县特色产业基地企业研发投入汇总　　　单位：亿元

年份	2013	2014	2015	2016	2017
企业研发投入	1355.3	1256.4	1300.8	1422.8	1475.2

说明：表中统计基础为 2013~2017 年连续上报的 325 家基地的可比数据，其中 226 家为区县基地。

表51　2013～2017年226家区县特色产业基地专利申请及授权数　　　单位：件

年份	2013	2014	2015	2016	2017
申请国外专利数	1016	926	1560	1581	1483
申请国内专利数	175757	147154	164424	189637	199648
其中：发明专利	37687	35866	42753	49335	53650
实用新型专利	57313	56626	68239	80332	85451
专利授权	92098	83755	99497	105876	110150
其中：发明专利授权	8704	8616	12215	15396	15842

说明：表中统计基础为2013～2017年连续上报的325家基地的可比数据，其中226家为区县基地。

3. 促进大批人才向特色产业基地集聚

特色产业基地建设集聚了大批创新创业人才，截至2017年，226家基地从业人员总数为658.1万人，研发人员总数为62.2万人，博士数量达到1.3万人，基地从业人员总数、研发人员总数比2013年分别增长4.9%、10.9%。人才的集聚，为地方产业发展提供了关键支撑。见表52。

表52　2013～2017年226家区县特色产业基地从业人员汇总

年份	2013	2014	2015	2016	2017
企业人员总数（万人）	627.6	650.8	664.6	668.6	658.1
企业研究开发人员（万人）	56.1	57.9	58.1	60.9	62.2
大专及以上学历人数（万人）	189.7	198.3	208.9	213.7	218.2
大专及以上学历人员占比（%）	30.2	30.5	31.4	32.0	33.2
硕士学历人员占大专及以上人员比例（%）	2.4	2.7	2.8	2.8	3.2
博士学历人员占大专及以上人员比例（%）	0.6	0.6	0.6	0.6	0.6

说明：表中统计基础为2013～2017年连续上报的325家基地的可比数据，其中226家为区县基地。

（五）区县经济发展实力逐年增强

通过对226家基地主要经济指标对比分析，2013～2017年，特色产业基地经济规模扩大，上缴税额实现增长，但盈利能力和出口创汇能力有所减弱。2017年，226家基地的工业总产值、总收入、出口创汇额、上缴税额、净利润分别达到59720.3亿元、59344.1

亿元、1027.1 亿美元、3277.5 亿元、3686.8 亿元，较 2013 年分别增长了 8.6%、13.7%、-7.9%、8.7%、-4.3%。复合增长率（年均增速）分别为 2.1%、3.3%、-2.0%、2.1%、-1.1%。见表53。

表53　2013～2017 年 226 家区县特色产业基地经济发展汇总

年份	工业总产值（亿元）	总收入（亿元）	出口创汇额（亿美元）	上缴税额（亿元）	净利润（亿元）
2013	54978.4	52193.6	1115.6	3016.1	3852.6
2014	57141.4	56608.2	1166.4	3353.5	3774.3
2015	58387.3	58532.2	1163.7	3196.7	3922.0
2016	60267.2	59636.2	1029.4	3468.3	3982.8
2017	59720.3	59344.1	1027.1	3277.5	3686.8
2013～2017 年增长率（%）	8.6	13.7	-7.9	8.7	-4.3
2013～2017 年复合增长率（%）	2.1	3.3	-2.0	2.1	-1.1

说明：表中统计基础为 2013～2017 年连续上报的 325 家基地的可比数据，其中 226 家为区县基地。

　　特色产业基地坚持依靠科技创新引领和带动区域特色产业优化升级及产业结构调整，积极推动特色产业发展成为当地的支柱产业或主导产业，成为县域发展的新亮点及新动能。

第四部分　管理推动工作

2017 年，在科技部领导下，火炬中心进一步加大组织、协调、推进和管理力度，促进全国特色产业基地建设和发展。

一、组织培训工作

为落实国务院《关于"十三五"促进民族地区和人口较少民族发展规划的通知》精神，加快支持西部地区和民族地区国家火炬特色产业基地建设，积极引导产业优化布局，大力培育民族优势产业，逐步实现以特色产业带动地区经济的整体增长，2017 年 9 月，在云南省科技厅的大力支持下，科技部火炬中心在昆明成功举办"2017 西部国家火炬特色产业基地创新发展培训班"。同时，为落实党的十九大报告中习近平总书记关于实施健康中国战略的部署，以及《国务院办公厅关于县域创新驱动发展的若干意见》（国办发〔2017〕43 号），推动国家火炬生物医药领域和新材料领域产业基地有质量、有效益、可持续发展，助力"健康中国"、加快制造强国建设，2017 年 11 月科技部火炬中心先后在江苏南通、厦门和上海组织召开国家火炬特色产业生物与医药领域、新材料领域、汽车及零部件行业基地建设促进县域创新驱动发展培训班。三次培训面向各有关省、自治区、直辖市科技主管部门基地管理人和基地所在地政府科技部门负责人，共有 430 余名代表参加。

生产力促进中心作为国家创新体系的重要组成部分，依靠政府，面向企业，组织社会科技力量，为企业服务，为区域的技术创新服务，促进科技成果向现实生产力转化，从而提高社会生产力水平，使经济发展保持旺盛的活力。到目前为止，全国生产力促进中心已经有 2600 多家，其中国家级示范生产力促进中心 247 家，特色产业基地有 441 家，为促进生产力中心更好地服务区域创新工作，火炬中心分两批在新疆和广州开展了国家级示范生产力促进中心主任培训班，共计有近 150 家国家示范生产力促进中心的领导参加了培训。两次培训主要围绕支撑产业发展的科技服务体系、创新集群建设、促进科技金融结合的实践与探索、中国孵化器发展及"十三五"展望、生产力促进中心统计等专题进行。

二、新核定 31 家新的特色产业基地

为支持和推动地方特色产业发展，火炬中心组织开展了两批特色产业基地评审工作，组织专家组对江苏、浙江、安徽、山东、内蒙古、新疆兵团、贵州等省（市）科技厅（委）推荐的特色产业基地进行了考察，核定了 31 家基地为国家特色产业基地，国家特色产业基地数量从 2016 年的 414 家（注：国家火炬北京大兴节能环保特色产业基地等 4 家被取消了资格）的基础上增加到 441 家。见表 54、表 55。

表 54　2017 年第一批特色产业基地

序号	基地名称	地区
1	国家火炬句容交通新材料特色产业基地	江苏
2	国家火炬惠山智能制造物联装备特色产业基地	
3	国家火炬如皋新能源汽车特色产业基地	
4	国家火炬邳州废旧铅酸蓄电池循环利用特色产业基地	
5	国家火炬淮安现代教育体育高端装备特色产业基地	
6	国家火炬界首高分子材料循环利用特色产业基地	安徽
7	国家火炬淄博高新区聚氨酯特色产业基地	山东
8	国家火炬泸州江阳中医药特色产业基地	四川

表55　2017年第二批特色产业基地

序号	基地名称	地区
1	国家火炬天津陈塘工程设计特色产业基地	天津
2	国家火炬和林格尔新区大数据特色产业基地	内蒙古
3	国家火炬上海青浦北斗导航特色产业基地	上海
4	国家火炬上海松江洞泾人工智能特色产业基地	
5	国家火炬上海青浦智慧物流特色产业基地	江苏
6	国家火炬徐州邳州半导体电子材料和设备特色产业基地	
7	国家火炬南京溧水新能源汽车特色产业基地	
8	国家火炬常州经开区智能微电机特色产业基地	
9	国家火炬淮安金湖仪器仪表特色产业基地	
10	国家火炬扬州高邮智能健康装备特色产业基地	
11	国家火炬苏州昆山小核酸及生物医药特色产业基地	
12	国家火炬扬州高邮智慧照明特色产业基地	
13	国家火炬湖州安吉高端功能座具特色产业基地	浙江
14	国家火炬滁州天长仪器仪表特色产业基地	安徽
15	国家火炬池州高端数控机床特色产业基地	
16	国家火炬济南长清工业烟气治理装备特色产业基地	山东
17	国家火炬滨州邹平玉米精深加工特色产业基地	
18	国家火炬南阳西峡冶金功能材料特色产业基地	河南
19	国家火炬商丘睢县智能终端特色产业基地	
20	国家火炬黔东南州苗侗民族工艺品特色产业基地	贵州
21	国家火炬安顺航空智能制造特色产业基地	
22	国家火炬黔西南州民族医药特色产业基地	
23	国家火炬石河子高新区葡萄精深加工特色产业基地	新疆兵团

三、加强复核工作引导特色产业基地健康发展

　　为加强国家特色产业基地的管理,推动基地有质量、有效益、可持续的发展,根据《国家火炬特色产业基地建设管理办法》的有关规定,2017年,火炬中心对2007~2009年认定的特色产业基地开展了复核,共计96家。

就复核工作的结果来看，在参与复核的 96 家基地中，有 92 家基地通过了复核，有 4 家基地没有通过复核，被取消了特色产业基地资格。火炬中心通过网站公布了复核结果，2017 年各省市特色产业基地复核的数量统计见表 56。

表 56　2017 年特色产业基地各省市复核情况汇总　　　　　　　单位：家

序号	地区	数量	序号	地区	数量
1	天津	1	13	江西	1
2	河北	2	14	山东	14
3	内蒙古	1	15	河南	3
4	辽宁	3	16	湖北	2
5	黑龙江	7	17	湖南	2
6	上海	5	18	广东	10
7	江苏	14	19	重庆	1
8	浙江	7	20	贵州	1
9	宁波	3	21	陕西	4
10	安徽	4	22	甘肃	1
11	福建	1	23	宁夏	2
12	厦门	1	24	新疆	2
合计					92

四、开展调研问卷工作

为全面掌握国家特色产业基地的发展状况，更加公开、公正、公平地做好特色产业基地 2017 年评价工作，火炬中心向全国 423 家特色产业基地做了调研，以调查问卷的形式展开对各产业基地在基地主导产业分类、其他产业分类、基地内科技型中小企业情况、基地内引进国家级和省级人才数、设立科技专项资金情况等 31 个方面的调研，问卷如实反映了各产业基地的发展现状，为系统分析我国特色产业基地的总体发展情况以及在各领域、各地区发展情况提供了第一手材料。

五、开展基地试点评价研究工作

为系统了解各特色产业基地的发展状况,独立、客观、公正展示基地建设成效,及时发现问题,突出基地建设与发展特色和优势;提升和完善基地管理,进一步推动地方基层县市科技创新工作,各基地管委会更好地服务于基地建设、企业发展,火炬中心在江苏、山东两省科技主管部门的支持下,对两省国家特色产业基地进行了试点评价工作,并在充分调研、研究各类报告文献,充分掌握有关证据,充分听取专家和各方意见的基础上,形成了《2016 年度国家火炬特色产业基地创新发展评价研究报告》(江苏省、山东省)。

六、加强特色产业基地总结工作

特色产业基地坚持高举火炬旗帜,积极推动高新技术产业化,在依靠科技创新建设产业集群,引领和带动地方优势产业优化升级和发展方式转变、推动地方经济发展等方面发挥了积极作用。为展示特色产业基地建设推动县域创新发展的成效和成功经验,火炬中心组织编写了《栉风沐雨砥砺行——奋进中的国家火炬(县域)特色产业基地发展纪实》(纪实案例)。同时,为全面回顾和总结基地工作开展以来的发展历程与宝贵经验,在地方科技主管部门和各基地的支持下,火炬中心又组织研究编写了《2017 年国家火炬产业基地发展研究报告》,报告全面回顾了五年来基地发展历程,系统总结了基地建设的成绩和经验,突出展示了基地在环境建设、平台建设、创新体系、资源集聚等方面促进区域优势产业"集群化"发展的主要特色。系统总结了基地建设的成绩和经验,突出展示了基地在环境建设、平台建设、创新体系、资源集聚等方面促进区域优势产业"集群化"发展的主要特色。

第五部分　基础数据概览

附表1　特色产业基地一览表（1）——东部地区　　　　　共计316家

特色产业基地名称	批准时间（年份）	所在地	数量（家）
国家火炬北京大兴新媒体特色产业基地	2005	北京	1
国家火炬天津陈塘工程设计特色产业基地	2017	天津	9
国家火炬天津空港经济区现代纺织特色产业基地	2009		
国家火炬天津东丽节能装备特色产业基地	2011		
国家火炬天津西青信息安全特色产业基地	2011		
国家火炬天津中北汽车特色产业基地	2013		
国家火炬武清新金属材料特色产业基地	2012		
国家火炬天津京滨石油装备特色产业基地	2012		
国家火炬武清汽车零部件特色产业基地	2013		
国家火炬天津京津电子商务特色产业基地	2014		
国家火炬唐山焊接特色产业基地	2006	河北	13
国家火炬唐山高新区机器人特色产业基地	2011		
国家火炬唐山陶瓷材料特色产业基地	2011		
国家火炬邯郸新型功能材料特色产业基地	2006		
国家火炬宁晋太阳能硅材料特色产业基地	2006		
国家火炬邢台沙河现代功能与艺术玻璃特色产业基地	2014		
国家火炬保定安国现代中药特色产业基地	2007		
国家火炬保定新能源与能源设备特色产业基地	2003		
国家火炬张家口新能源装备特色产业基地（摘牌）	2004		
国家火炬承德仪器仪表特色产业基地	2006		
国家火炬廊坊大数据特色产业基地	2006		
国家火炬廊坊大城绝热节能材料特色产业基地	2010		
国家火炬衡水高新区工程橡胶特色产业基地	2009		

续表

特色产业基地名称	批准时间（年份）	所在地	数量（家）
国家火炬上海青浦北斗导航特色产业基地	2017	上海	10
国家火炬上海松江洞泾人工智能特色产业基地	2017		
国家火炬上海青浦智慧物流特色产业基地	2017		
国家火炬上海环同济研发设计服务特色产业基地	2009		
国家火炬上海安亭汽车零部件特色产业基地	2007		
国家火炬上海南汇医疗器械特色产业基地	2005		
国家火炬上海张堰新材料深加工特色产业基地	2006		
国家火炬上海枫泾高端智能装备特色产业基地	2009		
国家火炬上海青浦先进结构与复合材料特色产业基地	2007		
国家火炬上海奉贤输配电特色产业基地	2007		
国家火炬南京溧水新能源汽车特色产业基地	2017	江苏	129
国家火炬南京建邺移动互联特色产业基地	2012		
国家火炬南京雨花现代通信软件特色产业基地	2010		
国家火炬江宁智能电网特色产业基地	2004		
国家火炬南京江宁可再生能源特色产业基地	2009		
国家火炬江宁生物医药特色产业基地	2013		
国家火炬江宁通信与网络特色产业基地	2014		
国家火炬江宁未来网络特色产业基地	2016		
国家火炬江宁节能环保技术与装备特色产业基地	2016		
国家火炬南京化工新材料特色产业基地	2005		
国家火炬南京浦口生物医药特色产业基地	2004		
国家火炬南京新港光电及激光特色产业基地	2015		
国家火炬锡山化工材料特色产业基地	2002		
国家火炬无锡锡山轻型多功能电动车特色产业基地	2007		
国家火炬惠山特种冶金新材料特色产业基地	2004		
国家火炬无锡惠山石墨烯新材料特色产业基地	2015		
国家火炬惠山智能制造物联装备特色产业基地	2017		
国家火炬无锡滨湖高效节能装备特色产业基地（摘牌）	2011		
国家火炬江阴高性能合金材料及制品特色产业基地	2005		
国家火炬无锡江阴智慧能源特色产业基地	2009		
国家火炬宜兴无机非金属材料特色产业基地	2002		
国家火炬无锡宜兴电线电缆特色产业基地	2007		
国家火炬无锡宜兴环保装备制造及服务特色产业基地	2011		
国家火炬无锡新区汽车电子及部件特色产业基地	2006		
国家火炬无锡新区生物医药及医疗器械特色产业基地	2015		
国家火炬江阴高新区物联网特色产业基地	2011		

特色产业基地名称	批准时间（年份）	所在地	数量（家）
国家火炬江阴高新区特钢新材料及其制品特色产业基地	2014		
国家火炬江阴高新区现代中药配方颗粒特色产业基地	2016		
国家火炬徐州工程机械特色产业基地	2006		
国家火炬徐州经开区新能源特色产业基地	2009		
国家火炬邳州废旧铅酸蓄电池循环利用特色产业基地	2017		
国家火炬徐州邳州半导体电子材料和设备特色产业基地	2017		
国家火炬徐州高新区安全技术与装备特色产业基地	2013		
国家火炬常州轨道交通车辆及部件特色产业基地	2003		
国家火炬常州输变电设备特色产业基地	2007		
国家火炬常州经开区智能微电机特色产业基地	2017		
国家火炬常州高新区生物药和化学药特色产业基地	2003		
国家火炬武进建材特色产业基地	2003		
国家火炬常州湖塘新型色织面料特色产业基地	2009		
国家火炬金坛精细化学品特色产业基地	2004		
国家火炬苏州汽车零部件特色产业基地	2005		
国家火炬吴中医药特色产业基地	2001		
国家火炬吴江光电缆特色产业基地	2002		
国家火炬汾湖超高速节能电梯特色产业基地	2012	江苏	129
国家火炬吴江（盛泽）新兴纺织纤维及面料特色产业基地	2013		
国家火炬常熟高分子材料特色产业基地	2003		
国家火炬常熟电气机械特色产业基地	2005		
国家火炬常熟生物医药特色产业基地	2013		
国家火炬常熟汽车零部件特色产业基地	2013		
国家火炬张家港精细化工特色产业基地	2005		
国家火炬张家港锂电特色产业基地	2011		
国家火炬张家港节能环保装备特色产业基地	2013		
国家火炬张家港精密机械及零部件特色产业基地	2014		
国家火炬昆山传感器特色产业基地	2000		
国家火炬昆山模具特色产业基地	2003		
国家火炬苏州昆山电路板特色产业基地	2008		
国家火炬昆山新能源装备特色产业基地	2009		
国家火炬昆山高端装备制造产业基地	2011		
国家火炬江苏昆山机器人特色产业基地	2012		
国家火炬昆山（张浦）精密机械特色产业基地	2013		
国家火炬苏州昆山小核酸及生物医药特色产业基地	2017		
国家火炬太仓高分子材料特色产业基地	2004		

续表

特色产业基地名称	批准时间（年份）	所在地	数量（家）
国家火炬太仓生物医药特色产业基地	2015	江苏	129
国家火炬苏州高新区医疗器械特色产业基地	2011		
国家火炬苏州工业园区生物医药特色产业基地	2012		
国家火炬南通化工新材料特色产业基地	2002		
国家火炬通州电子元器件及材料特色产业基地	2004		
国家火炬南通海安电梯设备特色产业基地	2007		
国家火炬南通海安建材机械装备特色产业基地	2009		
国家火炬海安锻压装备特色产业基地	2012		
国家火炬南通海安磁性材料及制品特色产业基地	2014		
国家火炬如东生命安防用品特色产业基地	2015		
国家火炬如东海上风电特色产业基地	2016		
国家火炬启东生物医药特色产业基地	2005		
国家火炬南通启东节能环保装备及基础件特色产业基地	2011		
国家火炬如皋输变电装备特色产业基地	2012		
国家火炬南通如皋化工新材料特色产业基地	2014		
国家火炬如皋新能源汽车特色产业基地	2017		
国家火炬海门化工和生物医药材料特色产业基地	1995		
国家火炬连云港化学创新药和现代中药特色产业基地	2001		
国家火炬连云港装备制造特色产业基地	2013		
国家火炬东海硅材料特色产业基地	2004		
国家火炬淮安现代教育体育高端装备特色产业基地	2017		
国家火炬盱眙凹土特色产业基地	2015		
国家火炬淮安金湖石油机械特色产业基地	2009		
国家火炬淮安金湖仪器仪表特色产业基地	2017		
国家火炬淮安盐化工特色产业基地	2013		
国家火炬盐城纺织机械特色产业基地	2006		
国家火炬盐城阜宁风光能源特色产业基地	2011		
国家火炬盐城经开区汽车零部件及装备特色产业基地	2011		
国家火炬盐城物联网特色产业基地（摘牌）	2014		
国家火炬盐城亭湖环保装备特色产业基地	2008		
国家火炬盐都涂装设备特色产业基地	2016		
国家火炬盐都齿轮制造特色产业基地	2016		
国家火炬大丰金属材料处理装备特色产业基地	2013		
国家火炬大丰市汽车零部件特色产业基地	2015		
国家火炬大丰海上风电装备特色产业基地	2016		
国家火炬响水盐化工特色产业基地	2012		

特色产业基地名称	批准时间（年份）	所在地	数量（家）
国家火炬滨海高分子材料特色产业基地	2012	江苏	129
国家火炬滨海新医药特色产业基地	2013		
国家火炬盐城滨海流体装备特色产业基地	2014		
国家火炬阜宁环保滤料特色产业基地	2013		
国家火炬盐城建湖石油装备特色产业基地	2010		
国家火炬东台特种金属材料及制品特色产业基地	2013		
国家火炬盐城盐都输变电装备特色产业基地	2014		
国家火炬扬州汽车及零部件特色产业基地	2006		
国家火炬扬州江都电力设备特色产业基地	2010		
国家火炬邗江硫资源利用装备特色产业基地	2012		
国家火炬扬州江都建材机械装备特色产业基地	2011		
国家火炬高邮特种电缆特色产业基地	2012		
国家火炬扬州高邮智能健康装备特色产业基地	2017		
国家火炬扬州高邮智慧照明特色产业基地	2017		
国家火炬扬州光伏新能源特色产业基地	2009		
国家火炬邗江数控金属板材加工设备特色产业基地	2004		
国家火炬镇江沿江绿色化工特色产业基地	2004		
国家火炬镇江高性能材料特色产业基地	2013		
国家火炬丹阳高性能合金材料特色产业基地	2002		
国家火炬扬中电力电器特色产业基地	2002		
国家火炬句容交通新材料特色产业基地	2017		
国家火炬镇江光电子与通信元器件特色产业基地	2002		
国家火炬镇江高新区特种船舶及海洋工程装备特色产业基地	2010		
国家火炬泰州医药特色产业基地	2005		
国家火炬泰州海陵光伏与储能新能源特色产业基地	2011		
国家火炬姜堰汽车关键零部件特色产业基地	2002		
国家火炬兴化特种合金材料及制品特色产业基地	2005		
国家火炬靖江微特电机及控制特色产业基地	2004		
国家火炬泰州靖江新技术船舶特色产业基地	2011		
国家火炬泰兴精细专用化学品特色产业基地	2005		
国家火炬宿迁薄膜材料特色产业基地	2013		
国家火炬萧山高性能机电基础件特色产业基地	2004	浙江	43
国家火炬富阳光通信特色产业基地	2002		
国家火炬临安电线电缆特色产业基地	2005		
国家火炬温州龙湾阀门特色产业基地	2011		
国家火炬永嘉系统流程泵阀特色产业基地	2005		

续表

特色产业基地名称	批准时间（年份）	所在地	数量（家）
国家火炬平阳印刷包装装备特色产业基地	2016		
国家火炬瑞安汽车关键零部件特色产业基地	2015		
国家火炬乐清智能电器特色产业基地	2002		
国家火炬嘉兴电子信息特色产业基地	2004		
国家火炬嘉兴南湖汽车零部件特色产业基地	2009		
国家火炬南湖压缩机精密制造特色产业基地	2016		
国家火炬嘉兴秀洲光伏新能源特色产业基地	2011		
国家火炬嘉善新型电子元器件特色产业基地	2005		
国家火炬海宁软磁材料特色产业基地	2003		
国家火炬海宁经编新材料及装备特色产业基地	2005		
国家火炬平湖光机电特色产业基地	2004		
国家火炬桐乡新型纤维特色产业基地	2004		
国家火炬湖州吴兴特种金属管道特色产业基地	2011		
国家火炬吴兴区现代物流装备特色产业基地	2015		
国家火炬湖州南浔特种电磁线特色产业基地	2008		
国家火炬南浔智能电梯特色产业基地	2013		
国家火炬湖州德清生物与医药特色产业基地	2008		
国家火炬德清绿色复合新型建材特色产业基地	2013	浙江	43
国家火炬长兴无机非金属新材料特色产业基地	2005		
国家火炬湖州安吉竹精深加工特色产业基地	2010		
国家火炬湖州安吉高端功能座具特色产业基地	2017		
国家火炬绍兴纺织特色产业基地	2003		
国家火炬绍兴柯桥纺织装备特色产业基地	2009		
国家火炬上虞精细化工特色产业基地	2004		
国家火炬新昌化学药和中成药特色产业基地	2002		
国家火炬诸暨环保装备特色产业基地	2002		
国家火炬绍兴高新区健康装备和医用新材料特色产业基地	2014		
国家火炬兰溪天然药物特色产业基地	2004		
国家火炬兰溪差别化纤维及纺织特色产业基地	2013		
国家火炬东阳磁性材料特色产业基地	2005		
国家火炬衢州高新区氟硅新材料产业基地	2008		
国家火炬衢州经开区空气动力机械特色产业基地	2009		
国家火炬衢江特种纸特色产业基地	2016		
国家火炬台州椒江智能缝制设备特色产业基地	2008		
国家火炬黄岩塑料模具特色产业基地	2003		
国家火炬台州仙居甾体药物特色产业基地	2010		

特色产业基地名称	批准时间（年份）	所在地	数量（家）
国家火炬丽水智能装备与机器人特色产业基地	2015	浙江	43
国家火炬龙泉汽车空调零部件特色产业基地	2015		
国家火炬宁波江北先进通用设备制造特色产业基地	2009	宁波	6
国家火炬北仑注塑机特色产业基地	2005		
国家火炬宁波鄞州新型金属材料特色产业基地	2006		
国家火炬宁波鄞州汽车零部件特色产业基地	2009		
国家火炬宁波慈溪智能家电特色产业基地	2009		
国家火炬宁波电子信息特色产业基地	2002		
国家火炬莆田液晶显示特色产业基地	2005	福建	7
国家火炬泉州经开区无线通信特色产业基地	2008		
国家火炬泉州微波通信特色产业基地	2004		
国家火炬德化陶瓷特色产业基地	2005		
国家火炬南平建瓯笋竹科技特色产业基地	2010		
国家火炬福安中小电机特色产业基地	2012		
国家火炬福鼎化油器特色产业基地	2013		
国家火炬厦门视听通讯特色产业基地	2005	厦门	4
国家火炬厦门钨材料特色产业基地	2005		
国家火炬厦门高新区电力电器特色产业基地	2008		
国家火炬厦门海沧生物与新医药特色产业基地	2011		
国家火炬济南先进机电与装备制造特色产业基地	2003	山东	64
国家火炬济南长清工业烟气治理装备特色产业基地	2017		
国家火炬济南山大路电子信息特色产业基地	2005		
国家火炬济南新型功能材料特色产业基地	2012		
国家火炬济南历城太阳能特色产业基地	2009		
国家火炬济南临港智能机械装备特色产业基地	2016		
国家火炬济南平阴清洁能源特色产业基地	2014		
国家火炬平阴金属管路连接件特色产业基地	2016		
国家火炬济南济阳升降作业装备特色产业基地	2014		
国家火炬济南商河环保节能材料与装备特色产业基地	2014		
国家火炬济南章丘有机高分子材料特色产业基地	2007		
国家火炬济南明水重型汽车先进制造特色产业基地	2009		
国家火炬济南明水先进机械制造特色产业基地	2011		
国家火炬济南章丘炊事装备特色产业基地	2014		
国家火炬济南生物工程与新医药特色产业基地	2004		
国家火炬淄博博山泵类特色产业基地	2007		
国家火炬淄博生物医药特色产业基地	2005		

续表

特色产业基地名称	批准时间（年份）	所在地	数量（家）
国家火炬淄博高新区先进陶瓷特色产业基地	2007		
国家火炬淄博高新区功能玻璃特色产业基地	2009		
国家火炬淄博高新区聚氨酯特色产业基地	2017		
国家火炬枣庄滕州中小数控机床特色产业基地	2014		
国家火炬滕州玻璃精深加工特色产业基地	2016		
国家火炬东营石油装备特色产业基地	2009		
国家火炬东营广饶盐化工特色产业基地	2009		
国家火炬计划广饶子午胎特色产业基地（摘牌）	2011		
国家火炬东营经开区铜冶炼与铜材深加工特色产业基地	2014		
国家火炬烟台福山汽车零部件特色产业基地	2007		
国家火炬烟台经济技术开发区生物与新医药特色产业基地	2016		
国家火炬招远电子基础材料特色产业基地	2006		
国家火炬烟台高新区海洋生物与医药特色产业基地	2011		
国家火炬潍坊临朐磁电装备特色产业基地	2011		
国家火炬昌乐智能工矿专用成套设备及控制系统特色产业基地	2015		
国家火炬潍坊滨海海洋化工特色产业基地	2014		
国家火炬诸城汽车及零部件特色产业基地	2012		
国家火炬潍坊寿光新型防水材料特色产业基地	2011	山东	64
国家火炬潍坊寿光卤水综合利用特色产业基地	2014		
国家火炬潍坊高新区动力机械特色产业基地	2009		
国家火炬潍坊高新区电声器件特色产业基地	2010		
国家火炬潍坊高新区光电特色产业基地	2011		
国家火炬潍坊生物制药与中成药特色产业基地	2012		
国家火炬梁山专用汽车特色产业基地	2016		
国家火炬邹城智能矿用装备特色产业基地	2015		
国家火炬济宁生物制药与中成药特色产业基地	2002		
国家火炬济宁工程机械特色产业基地	2004		
国家火炬济宁纺织新材料特色产业基地	2006		
国家火炬济宁高新区光电信息特色产业基地	2010		
国家火炬泰安非金属新材料特色产业基地	2006		
国家火炬泰安输变电器材特色产业基地	2006		
国家火炬威海环翠区交通及配套装备特色产业基地	2016		
国家火炬威海高新区办公自动化设备特色产业基地	2009		
国家火炬莱芜粉末冶金特色产业基地	2012		
国家火炬临沂沂南电动车及零部件特色产业基地	2014		
国家火炬临沂沂水功能性生物糖特色产业基地	2009		

特色产业基地名称	批准时间（年份）	所在地	数量（家）
国家火炬费县木基复合材料特色产业基地	2016	山东	64
国家火炬临沂临沭复合肥特色产业基地	2007		
国家火炬临沂高新区电子元器件特色产业基地	2016		
国家火炬德州经开区新能源汽车特色产业基地	2009		
国家火炬禹城功能糖特色产业基地	2003		
国家火炬滨州邹平玉米精深加工特色产业基地	2017		
国家火炬鲁北海洋科技特色产业基地	2004		
国家火炬单县光伏光热特色产业基地（摘牌）	2011		
国家火炬菏泽单县玻纤特色产业基地	2014		
国家火炬单县医用可吸收缝合线特色产业基地	2015		
国家火炬菏泽高新区生物医药特色产业基地	2014		
国家火炬青岛有机高分子新材料特色产业基地	2003	青岛	5
国家火炬青岛高新区海洋生物医药特色产业基地	2014		
国家火炬青岛橡胶行业专业化科技服务特色产业基地	2015		
国家火炬青岛石墨烯及先进碳材料特色产业基地	2015		
国家火炬黄岛船舶与海工装备特色产业基地	2015		
国家火炬广州花都汽车及零部件特色产业基地	2005	广东	25
国家火炬广州高新区新型高分子材料特色产业基地	2008		
国家火炬汕头龙湖输配电设备特色产业基地	2007		
国家火炬汕头金平轻工机械装备制造特色产业基地	2005		
国家火炬汕头澄海智能玩具创意设计与制造特色产业基地	2006		
国家火炬顺德家用电器特色产业基地	2004		
国家火炬佛山自动化机械及设备特色产业基地	2003		
国家火炬佛山电子新材料特色产业基地	2004		
国家火炬江门高新区半导体照明特色产业基地	2011		
国家火炬划江门纺织化纤特色产业基地	2004		
国家火炬鹤山金属材料特色产业基地	2004		
国家火炬湛江海洋特色产业基地	2002		
国家火炬茂名高新区石化特色产业基地	2008		
国家火炬惠州智能视听特色产业基地	2006		
国家火炬惠州 LED 特色产业基地	2012		
国家火炬阳江新型功能刀剪材料设计与先进制造特色产业基地	2008		
国家火炬清远高性能结构材料特色产业基地	2015		
国家火炬东莞虎门服装设计与制造特色产业基地	2007		
国家火炬东莞长安模具特色产业基地	2007		
国家火炬中山小榄金属制品特色产业基地	2006		

续表

特色产业基地名称	批准时间（年份）	所在地	数量（家）
国家火炬中山日用电器特色产业基地	2009	广东	25
国家火炬中山古镇照明器材设计与制造特色产业基地	2007		
国家火炬中山阜沙精细化工特色产业基地	2009		
国家火炬中山（临海）船舶制造与海洋工程特色产业基地	2004		
国家火炬中山南区电梯特色产业基地	2010		

附表 2　特色产业基地一览表（2）——中部地区　　　　共计 59 家

特色产业基地名称	批准时间（年份）	所在地	数量（家）
国家火炬迎泽高端包装装备及材料特色产业基地	2012	山西	8
国家火炬山西转型综合改革示范区煤机装备特色产业基地	2010		
国家火炬太原钕铁硼材料特色产业基地	2012		
国家火炬山西转型综合改革示范区网络信息安全特色产业基地	2014		
国家火炬大同医药材料特色产业基地	2012		
国家火炬永济电机特色产业基地	2012		
国家火炬临猗运输配套装备特色产业基地	2013		
国家火炬原平煤机配套装备特色产业基地	2013		
国家火炬合肥高新区公共安全信息技术特色产业基地	2011	安徽	16
国家火炬无为特种电缆特色产业基地	2006		
国家火炬芜湖高新区节能与新能源汽车特色产业基地	2009		
国家火炬蚌埠精细化工特色产业基地	2011		
国家火炬博望高端数控机床及刃模具特色产业基地	2012		
国家火炬杜集高端矿山装备特色产业基地	2015		
国家火炬铜陵电子材料特色产业基地	1999		
国家火炬安庆经开区汽车零部件特色产业基地	2009		
国家火炬黄山软包装新材料特色产业基地	2012		
国家火炬滁州家电设计与制造特色产业基地	2009		
国家火炬滁州天长仪器仪表特色产业基地	2017		
国家火炬太和医药高端制剂特色产业基地	2015		
国家火炬界首高分子材料循环利用特色产业基地	2017		
国家火炬亳州中药特色产业基地	2009		
国家火炬池州高端数控机床特色产业基地	2017		
国家火炬宁国橡塑密封件特色产业基地	2012		
国家火炬景德镇陶瓷新材料及制品特色产业基地	2008	江西	3
国家火炬萍乡粉末冶金先进制造特色产业基地	2014		
国家火炬九江星火有机硅材料特色产业基地	2004		

特色产业基地名称	批准时间（年份）	所在地	数量（家）
国家火炬郑州超硬材料特色产业基地	2002	河南	12
国家火炬开封空分设备特色产业基地	2010		
国家火炬长垣起重机械特色产业基地	2007		
国家火炬新乡生物与新医药特色产业基地	2010		
国家火炬焦作汽车零部件特色产业基地	2009		
国家火炬濮阳生物化工特色产业基地	1997		
国家火炬南阳防爆装备制造特色产业基地	2013		
国家火炬民权制冷设备特色产业基地	2013		
国家火炬济源高新区矿用机电特色产业基地	2007		
国家火炬临颍农产品精深加工特色产业基地	2016		
国家火炬南阳西峡冶金功能材料特色产业基地	2017		
国家火炬商丘睢县智能终端特色产业基地	2017		
国家火炬武汉高分子及复合材料特色产业基地	2002	湖北	12
国家火炬武汉青山环保特色产业基地	2005		
国家火炬武汉江夏装备制造特色产业基地	2009		
国家火炬武汉阳逻钢结构特色产业基地	2011		
国家火炬武汉汽车电子特色产业基地	2004		
国家火炬十堰汽车关键零部件特色产业基地	2003		
国家火炬襄阳汽车动力与部件特色产业基地	2004		
国家火炬襄阳节能电机与控制设备特色产业基地	2006		
国家火炬谷城节能与环保特色产业基地	2002		
国家火炬葛店生物技术与新医药特色产业基地	2001		
国家火炬应城精细化工新材料特色产业基地	2004		
国家火炬孝感安陆粮食机械特色产业基地	2009		
国家火炬浏阳生物医药特色产业基地	2002	湖南	8
国家火炬株洲荷塘硬质合金特色产业基地	2007		
国家火炬株洲芦淞中小航空发动机特色产业基地	2008		
国家火炬湘潭新能源装备特色产业基地	2005		
国家火炬衡阳输变电装备特色产业基地	2005		
国家火炬岳阳精细化工（石油）特色产业基地	2012		
国家火炬津市生物酶制剂及应用特色产业基地	2016		
国家火炬益阳机械与装备制造特色产业基地	2004		

附表3 特色产业基地一览表（3）——西部地区　　共33家

特色产业基地名称	批准时间（年份）	所在地	数量（家）
国家火炬和林格尔新区大数据特色产业基地	2017	内蒙古	3
国家火炬呼和浩特托克托生物发酵特色产业基地	2002		
国家火炬鄂尔多斯汽车及关键零部件特色产业基地	2016		
国家火炬玉林内燃机特色产业基地	2016	广西	1
国家火炬重庆九龙轻合金特色产业基地	2008	重庆	2
国家火炬重庆渝北汽车摩托车制造及现代服务特色产业基地	2011		
国家火炬成都金牛电子信息特色产业基地	2002	四川	3
国家火炬泸州高新区先进工程机械及关键零部件特色产业基地	2015		
国家火炬泸州江阳中医药特色产业基地	2017		
国家火炬遵义航天军转民（装备制造）特色产业基地	2007	贵州	6
国家火炬安顺航空智能制造特色产业基地	2017		
国家火炬铜仁锰产业特色产业基地	2016		
国家火炬黔西南州民族医药特色产业基地	2017		
国家火炬黔东南州苗侗医药特色产业基地	2015		
国家火炬黔东南州苗侗民族工艺品特色产业基地	2017		
国家火炬昆明红外微光特色产业基地	2016	云南	5
国家火炬昆明稀贵金属新材料特色产业基地	2016		
国家火炬玉溪高新区生物医药特色产业基地	2016		
国家火炬保山硅材料特色产业基地	2016		
国家火炬文山三七特色产业基地	2016		
国家火炬西安高新区生物医药特色产业基地	2007	陕西	6
国家火炬西安阎良航空特色产业基地	2010		
国家火炬宝鸡高新区钛特色产业基地	2008		
国家火炬宝鸡高新区石油钻采装备制造特色产业基地	2009		
国家火炬宝鸡蔡家坡重型汽车及零部件特色产业基地	2009		
国家火炬咸阳高新区高端橡胶特色产业基地	2014		
国家火炬白银有色金属新材料及制品特色产业基地	2008	甘肃	2
国家火炬天祝高性能碳基材料特色产业基地	2016		
国家火炬银川灵武羊绒产特色业基地	2008	宁夏	2
国家火炬石嘴山高新区稀有金属材料及制品特色产业基地	2008		
国家火炬乌鲁木齐米东石油化工和煤化工特色产业基地	2009	新疆	2
国家火炬克拉玛依高新区石油石化特色产业基地	2009		
国家火炬石河子高新区葡萄精深加工特色产业基地	2017	新疆兵团	1

附表4　特色产业基地一览表（4）——东北地区　　　　共 33 家

特色产业基地名称	批准时间（年份）	所在地	数量（家）
国家火炬鞍山海城精细有机新材料特色产业基地	2014	辽宁	15
国家火炬鞍山高新区柔性输配电及冶金自动化装备产业基地	2008		
国家火炬鞍山激光科技特色产业基地	2013		
国家火炬本溪中药科技特色产业基地	2006		
国家火炬锦州硅材料及太阳能电池特色产业基地	2007		
国家火炬锦州汽车零部件特色产业基地	2013		
国家火炬营口汽车保修检测设备特色产业基地	2013		
国家火炬阜新高新区液压装备特色产业基地	2011		
国家火炬盘锦石油装备制造特色产业基地	2009		
国家火炬辽宁换热设备特色产业基地（摘牌）	2011		
国家火炬铁岭石油装备特色产业基地	2012		
国家火炬开原起重机械制造特色产业基地	2013		
国家火炬辽宁调兵山煤机装备制造特色产业基地（摘牌）	2014		
国家火炬朝阳高新区新能源电器特色产业基地	2010		
国家火炬计划辽宁（万家）数字技术特色产业基地（摘牌）	2011		
国家火炬大连金普新区数控机床特色产业基地	2014	大连	4
国家火炬大连金普新区核电装备特色产业基地	2014		
国家火炬大连甘井子区智能化成形和加工成套设备特色产业基地	2016		
国家火炬大连双 D 港生物医药特色产业基地	2005		
国家火炬吉林电力电子特色产业基地	2005	吉林	5
国家火炬通化生物医药特色产业基地	2001		
国家火炬通化中药特色产业基地	2005		
国家火炬梅河口现代中医药特色产业基地	2013		
国家火炬敦化中药特色产业基地	2005		
国家火炬哈尔滨平房汽车制造特色产业基地	2009	黑龙江	9
国家火炬哈尔滨平房新媒体特色产业基地	2009		
国家火炬哈尔滨抗生素特色产业基地	2004		
国家火炬哈尔滨香坊发电设备特色产业基地	2007		
国家火炬齐齐哈尔重型机械装备特色产业基地	2009		
国家火炬大庆高新区石油化工特色产业基地	2007		
国家火炬大庆高新区新型复合材料及制品特色产业基地	2007		
国家火炬大庆高新区石油石化装备制造特色产业基地	2009		
国家火炬牡丹江硬质材料特色产业基地	2002		

编后语

　　2017年特色产业基地建设取得了可喜的成绩，我们展望未来，继续推进特色产业基地的发展模式，贯彻创新、协调、绿色、开放、共享的发展理念，因地制宜地开展特色产业基地的建设工作，以科技创新和体制机制创新为驱动力，以培育发展具有较高技术含量、较强市场竞争力、特色鲜明、优势明显的产业为目的，将载体平台等硬件建设与创新文化等环境建设相结合，引领地方经济的发展。

　　2017年是"十三五"的攻坚之年，国家进入产业转型和产业再布局阶段，科技整体水平已从量的增长向质的提升转变，特色产业基地也迎来了更好的发展机遇。在新时期、新形势下，特色产业基地建设将认真贯彻党中央、国务院关于创新驱动，"大众创业、万众创新"以及《中国制造2025》的战略部署，紧密围绕重大需求和工作重点，针对国家鼓励发展战略性新兴产业及细分领域，通过科学规划和合理布局，在全国范围内建成各具特色的产业基地，形成创新型产业集群，通过整体推进和分类指导，不断提升特色产业发展质量和水平，以创新推动产业结构向中高端水平发展，成为国家与地方、政府与市场、科技与经济有机结合的核心载体，成为创新驱动区域经济、优化产业结构、提升产业水平的重要抓手，通过特色产业基地建设，不断延伸产业链，做大做强主导产业，成为区域创新体系的重要组成部分。

　　在此感谢各地科技主管部门、基地所在地政府、各特色产业基地日常管理机构以及相关单位对报告工作的大力支持。感谢北京华陆汇融科技咨询有限公司刘蔚然同志对报告数据统计、编撰工作的大力支持与指导。

科学技术部火炬高技术产业开发中心

2018 年 11 月